我家小孩愛學習

Happy 學習 easy go!!

張玲霞◎編著

孩子不愛看書，不能任其自生自滅！

如何揪出抗拒的元凶、認清自我教育的迷思？

本書就是一本超 easy學習完全攻略手冊，

將會有令您滿意的答案。

前言

多年以來，我在編撰兒童書籍時，總覺得市面現有的兒童書籍充斥，種類繁多，雖然好的套書不虞匱乏，可惜自有其一套系統，往往缺乏整體、有脈絡的規畫，向前、尋後都找不到可以銜接的書系，好的套書就這樣成為絕響，讓使用的讀者感到無限的惆悵。很不幸的，我們的學校教材，也有相同的問題。

存在幾千年歷史的考試制度，為學子帶來光明面，也攜來黑暗面：批評教育制度的聲浪，從古至今不曾斷過，不論制度怎麼改，不滿意的聲浪時有所聞，缺失總是存在。問題在哪裡？眾說紛紜，我們市井小民也追究不出來。只看到勇於拒絕考試的有之，但沒有幾人；真正不把考試當一回事的人也有之，而能灑脫放下的也不多見。

那時我常在想，夾在其中的孩子，要如何面對這樣的教育環境？又要如何走出學習的迷網？我自己小時候，傻愣愣的讀、呆兮兮的念，漫無目標的讀著書，如今身為孩子的父母，我又將如何來幫助自己的孩子，在現有的教育體系中，安然的學習？在不管有無系統脈絡的教材中，發現讀書的樂趣？要如何讓孩子跳脫考試的桎梏，尋找出正確的學習目標，快樂的啟航讀書呢？

我是一個小小的文化人，擔心我們的下一代缺乏文化素養；也是學生的母親，擔心自己的孩子學無所成，無力持家；更是中生代的人群之一，擔心我們未來的主人翁，未來支不住企業、撐不了國家……。

我家小孩愛看書

說我杞人憂天也罷，無聊之至也行，但不可否認的，和我有相同憂心的父母大有人在。我們這些婆婆媽媽、爺爺爸爸之間，經常談起孩子的讀書問題，而且發現有那麼多親子曾經為此那麼的憂心、痛苦過。也許有人不解的問：

「不是說行行出狀元嗎？為什麼一定要叫孩子讀書呢？」

在孩子小時候，讀書學習代表受教育，受教育是從事各行各業的起步，試想如果連最基本的加減乘除都不會，要如何當小販？不認識字也做不成好學徒！

因此，讀書學習是一件大家公認，身為孩子都必須做的正事，父母們也大都確信，一個肯讀書學習的孩子〈未必是成績最好的孩子〉，人生較為積極正面、禁得起打擊、扛得起責任，日後獨立生活也比較沒有問題，絕對是父母值得投入精神、願意全心付出的事情。

一直以來，我的多位友人在與孩子讀書時「過招」、「交戰」的歲月中，逐漸摸索出一點頭緒，從不知所措到有些定見，從緊張到釋然，中間情緒轉換的起起落落，與心情的高高低低，非一般人所能體會，那是一本酸甜苦辣兼具的經，只能用「冷暖自知」加以形容。

在與他們多年「談心」的結果，我親眼目睹到他們的經驗轉移，與隨時隨地修正的心路歷程，讓我獲益匪淺，倍覺珍貴，也是讓我決定將這些經驗整理、編撰成書，與所有深愛子女的父母一起分享的主要原因。

我家小孩愛看書

雖然我不是教育專家，不敢大談教育得失，也無力撼動教育政策，但有時經驗者的親身體驗，反比長篇大論的學說，來得更實際、更落實、更有用。

　　書中毫無保留的將我與友人輾轉轉換的觀念與心境所得，化成具體簡單的文字予以傳達、提供，如果各位父母能夠接受，那麼相信觀念改變之後，伴隨而來的是做法的改變，緊接著便是歡欣帶領失落、不愛讀書的孩子尋回信心，迎接他們重回讀書學習的正常軌道來。

　　對於進入社會的人來說，學習的層面更廣、更闊，讀書學習充其量只是多種學習管道的其中一種形式，如果要讓自己不斷提昇、進步，又是另一層面的學習境界。這部分我在此書暫不贅述，本書只略為提及終身學習的重要性。

　　但對於在校的學子來說，讀書幾乎和學習一體，是不容易分割的，兩者幾乎是同時進行的。本書的重點擺在大學畢業以前，也就是讀書與學習一體的這個階段，由培養孩子閱讀、吸引孩子喜歡讀書、幫助孩子主動自我學習到願意終身學習著眼；再由影響孩子不想讀書的外在因素，談到讓孩子喜愛讀書的方法、如何抓住讀書要領等角度切入、如何記住所學的種種妙方，如何將讀書在生活中延伸、取得樂趣等。其中穿插、整理、敘述我和友人，與搜尋許多他人的經驗所得，希望給予父母足夠的導引，早日牽引孩子離開「討厭讀書、害怕讀書」的夢魘。

　　書中我不標榜如何讓孩子成績變好的部分，考試在本書中被我

我家小孩愛看書

當作一個讀書學習過程的檢測。我不突顯考試的重要性，目的是希望父母同我一樣，要能擺脫考試的迷障，灑脫的帶領我們的孩子朝向讀書學習的真正目標來。當孩子拿著考卷回來，我希望父母關注的，是錯誤改正了沒有？懂了沒有？在學校學到了什麼？有沒有激起讀書興趣？而不是盯著孩子的成績看，想盡辦法讓孩子考到好成績，讓孩子成為「考試機器」。

　　但我不是刻意要忽略考試的存在，考試仍有其重要的作用在。我之所以要不斷提醒父母的，是要父母運用適當的觀念，引導孩子了解考試是學習必要的過程，要懂得如何坦然的面對考試，才能與考試好好的「相處」。也期待父母不要太過緊張於孩子的成績表現，才能與孩子一起解開考試對親子無形的枷鎖，引導孩子把注意力集中到讀書學習的目標來。

　　書中也提列許多人的話，包括名人的真言，期待父母對既有的觀念改變的話；也提列許多困擾父母的問題、引導孩子時所使用的各種話術；並列舉與孩子真心相處的良言、說了不如不說的惡語等等，目的在幫助親子之間，在輕鬆自在的氣氛下進行，打破以往親子「對立」的局面，重新建立起「親密」關係。

我家小孩愛看書

contents

contents 目錄

contents
目錄

contents 目錄

第 1 篇

為什麼
孩子不想讀書？

第一章　來自身心發展的影響

爭取孩子認同、你可以常說的話：
「你是爸媽最親愛的寶貝，我愛你！」
「來！爸媽抱抱！」
「爸媽是你的好朋友。」
「不愧是爸媽的好孩子。」
「我就相信你一定行。」

亞里士多德曾經說過：

「求知是人類的本性。」

書是知識之海，而讀書是求知最直接的方式，所以，讀書不但可以滿足人的求知慾，還可以滿足人的好奇心與探求心。

愛讀書的人每每傳達這樣的訊息：

「讀書能磨練人的心靈，使人的心靈受到感動，讓人的心靈豐富。」

3

日本作家島影盟曾說：

「讀書就像游泳，不去親身體驗，是悟不出其中的滋味與技巧的。」

法國的思想家蒙田則說：

「讀書是最可靠的，也是真正屬於我們的，即使到了老年或覺得孤獨的時候，書都會一直陪伴著我們。」

英國文學家培根也說：

「人在孤獨或歸隱的時候，最能體會讀書的樂趣。說話的時候，最能表現讀書的文雅。判斷與處理事物的時候，最能發揮由讀書中所獲得的能力。」

讀書可以豐富人的心靈，滿足人生的重要慾求，更能成為人們孤獨時的良伴。既然這樣，讀書應該是一件快樂的事，為什麼還有那麼多孩子，會覺得讀書是件苦差事，不願意好好的讀書呢？

有些孩子坦白的回答說：

「平常的那種讀書，不必考試，沒有壓力，書的內容也比較有趣，和學校讀書的情況根本不一樣啊！」

回答這種話的孩子，應該是喜歡看一些課外讀物，而對於教學所使用的課本，卻沒有興趣的孩子。他們的讀書

表現雖然不好，父母大可以稍微放心，只要想辦法讓他發現課本的趣味所在，孩子很快就能回歸學習的本位來。

然而像這樣，了解孩子不愛讀書的原因所在，大多可以對症下「藥」，不難找到應付之道。最怕的是，父母自己都搞不清楚孩子不愛讀書的原因。根據一項研究，大約只有百分之四十的父母，知道孩子不好好讀書的真正原因，其他半數以上的父母，是處在狀況不明的模糊狀態，而且大多數父母認定孩子「不喜歡讀書」所根據的指標，是孩子的「成績不良」。

孩子「成績不良」的導因之一，是不喜歡讀書；不喜歡讀書又是造成「成績不良」的因素之一，兩者互為因果，相互循環。進一步調查的結果發現，在學校裡，只有少部分孩子的表現，是令人滿意的優異成績，事實上，大部分孩子的表現平平，甚至只能說是差強人意或勉強過得去。

這裡所謂「成績不良」，是指透過統計學方法的運用〈如性向測驗〉，測驗出學生的潛能和學習表現有落差，IQ〈智商指數〉和學習表現不對等，學習表現低於自己的潛力，例如IQ高，學習成績卻低落，這種情況就

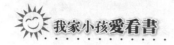

被稱為「成績不良」。

　　孩子在校的表現，其實含概很多方面，成績表現只是其中一項。美國哈佛大學教授丹尼爾‧高曼的ＥＱ〈Emotional Intelligence〉著作中，舉出許多理論，說明IQ高的人並不等於將來一定會有高成就，學業成績優異，也不代表遇到挫折或機會時，就會有較適當的反應。反而是EQ〈情緒智商或性格特質〉高的人，自制力、自我驅策力與毅力、熱忱等能力都佳，懂得如何激勵自己面對挫折、克服衝動，懂得如何調適情緒、設身處地的為人著想、對未來抱著樂觀的希望，在人生各個舞台上，如情場、職場、人際之間，表現都較占優勢。所以，近年來EQ逐漸被重視，甚至看得比IQ重，有不少人甚至強力鼓吹要情緒、人格與道德三教合一。

　　可是孩子成績方面的表現，卻緊緊揪著父母的心，因為大部分父母把孩子在校的成績表現，當成未來成敗的象徵與預告，成績不好，似乎代表孩子的前途渺茫──進不了大學、找不到好工作、不能適應社會、無法獨立自主……。

　　這些種種的憂患，是父母不察，誤把IQ看得太重的

盲點，也成為父母親子間的敏感焦點。父母通常會為了讓孩子有好成績，竭盡所能的想提供自認為最好的條件給孩子領受，然而孩子這方面往往無法體會，而百般的讓父母失望。於是衝突不斷，傷心也不斷的折磨著雙方。

　　如果親子雙方沒有正確的體認：父母不了解孩子到學校讀書學習的目的，就是讓孩子受教育，而受教育的目的，是要塑造孩子的人格，與教孩子學習一些基本的生活能力，以便將來能夠獨立自主的應付或安排未來的生活；孩子也不明白自己在學校讀書時所該扮演的角色，將沒辦法發揮自己的學習潛力，親子的衝突也會越演越烈。

　　所以，父母必須先了解自己的孩子，找出造成孩子讀書情況不好的背後原因，接著再運用一些方法，協助孩子對讀書感興趣，挽回他們的學習向上的心。

　　促成孩子讀書表現不好的原因很多，來自孩子身、心的內在因素，與孩子生活環境的外在因素，共同發揮著相當程度的影響力。

　　本章先就內在因素談起。

1. 健康狀況不佳

一個身心健康的孩子，體力充沛、精力旺盛，玩起來很起勁、身手矯健，有學習意願與克服困難的意志，也能享受生活的美好。但是，如果孩子的身體受過傷害，或患有其他長期的疾病等健康不佳的狀況時，就會影響孩子的讀書學習。試想一個有心臟病的孩子，經常頭暈、喘氣，身體不舒服；一個有氣喘疾病的孩子，經常力不從心，隨時會病發，病發時夾纏著與死神博鬥的恐慌、驚怖，又如何能有多餘的精力再去用功讀書呢？

所以，孩子如果老是病厭厭的，沒體力讀書，有可能是孩子生病了，應該找出真正的原因，給予適當的診治、醫療，才能有效的改善。

營養不良也會影響孩子讀書學習。

過去國人的營養觀念不足，以為早餐有吃、沒吃都沒有關係，只要晚餐吃得豐富一點就行了。因此，孩子沒吃早餐就上學，是司空見慣的事，父母也不在意。

可是，據營養學家的研究，早餐才是一天中最重要的一餐，不但一定要吃，還要吃得營養。歐洲國家的農民，很早有這樣的觀念，他們常說：

「早餐應該富如帝王，午餐足如公僕，晚餐則可以簡如貧民。」

現在，雖然國人的營養觀念已經改變了，但還是有很多孩子因為趕時間或其他原因，沒有吃早餐就去上學。據調查，一個孩子經過一整晚的空腹，血液中的血糖降了很低，如果早上又沒有吃早餐，或因為趕時間，吃得不夠，上課時，肚子自然餓得頭腦發昏，又怎能集中精神、專心在課業上的學習呢？這樣的情況如果一直沒有改善，有時甚至會使孩子抵抗力變弱，容易感冒、生病。

事實也證明，某些營養素的確對孩子發揮著關鍵的交互作用，早餐的營養更直接或間接影響著孩子讀書學習的狀況。但是，有些孩子吃是吃了，還是吃到不合適的食物，例如吃到油脂、醣分太多的食物，變成過胖；有些孩子卻吃了沒營養的食物，每天仍然面有「菜」色；有些則是因為運動量太少，沒有胃口，顯得沒有活力。

那麼，早餐究竟要吃什麼才適當呢？〈參見附表一、附表二〉

現在市面上有所謂的活力早餐、元氣早餐、健康早餐等，所標榜的，都是「營養均衡」的早餐。一頓真正

「營養均衡」的早餐，應該攝取適當的熱量，要有蔬菜、飯〈或饅頭、吐司、五穀等〉、水果〈如蘋果、櫻桃、草莓等鹼性水果〉、奶類、肉類等，而且避免吃過軟、太稀、太過精細或油炸、燙煮太久的食物，因這樣的食物營養素容易喪失。

此外，湯最好以小火慢慢的熬煮；魚和肉可用硬水稍微川燙一下，去除渣滓後再烹調；蔬菜類可用軟水〈如某些過濾水〉煮過，但不要煮太久。水果有人建議改在餐前吃，但如果胃不好，可以維持在餐後再吃。

長期不吃早餐或吃不夠的孩子，會有營養不良的顧慮，其他如偏食、飲食失調或甚至厭食的孩子，也會顯得有氣無力、一副病弱的樣子，上課時很容易打瞌睡、無法專心在課業上。

因此，父母不要只注意到孩子課業上的表現，而忽略了孩子健康方面的問題，影響所及，當然就不易看到孩子好的學習表現了。所以，父母即使再忙碌，也應讓孩子吃完早餐再上學，並注意早餐的營養。

早餐的營養，約占一天的 1/5 到 1/4。譬如一個 7～9 歲的孩子，早餐吸收的熱量，應在 360～450 千卡之間，

附表一　　兒童到青年每天的熱量與蛋白質量

年　　齡	熱量 / 千卡 / 每天	蛋白質 / 公克
7～9	1,800	50
10～13	2,100	60
13～15 / 男	2,700	70
/ 女	2,400	65
16～19 / 男	2,900	70
/ 女	2,250	60
20～35 / 男	2,700	70
/ 女	2,100	60

資料來源：行政院衛生署

附表二　　各類食物的熱量

種類	熱量 / 千卡	蛋白質 / 公克	說　　　　明
主食	136	4	例如 1 個中型饅頭、1 碗稀飯、吐司兩片、燒餅一套、麥片 40 公克、麵條一碗。
奶類	170	8	例如 236cc. 的鮮奶一盒，或泡 4 匙牛奶。
肉蛋豆類	73	5～7	例如香菇燉肉、蔥花豆腐、花生麵筋、滷蛋燉肉、豆干、炒豆包等。
果蔬類	0～40	0	例如 1 個蕃茄或 180cc. 的新鮮柳橙汁或檸檬汁、100cc. 新鮮疏果汁。

而蛋白質則須 15 公克。父母可參考附表二所標示的熱量加以變化搭配。

如果早上時間緊迫的話，可以在前一晚就準備好材料，隔天早上只要加熱一下，就可以給孩子一個營養均衡又有愛心的早餐。這樣一來，不但省時，又可兼顧孩子的健康，相信孩子讀書學習會打瞌睡、不能集中精神的狀況，一定會有所改善，抵抗力也會因而增強，身體的發展也會改善，不再那樣病厭厭的了。

2. 發展不平均

孩子內在智力系統的發展，是影響孩子讀書學習的重要指標之一。這種智力系統的建立，本質上是靠外界對大腦的刺激引起的，因此，每個孩子所受到的刺激不同，智力系統所得到的發展也不平均。例如，有些孩子的語言會先發展，有些孩子則四肢發展得較快。而大腦是人類的學習中樞，在不同刺激發展的層次上，所表現出來的能力也不盡相同。這也就是說，無論個性發展、學習力、智力成

熟度、教育環境、遺傳、健康等，對孩子的學習都有一定的影響力。

　　所以，孩子的書讀不好，原因是多方面的，不能完全歸咎於孩子不夠努力。有些孩子也很想認真讀書，可是就是做不來、達不到目的，原因就在於此。我們應該從孩子的智力、學習力、個性發展等幾個重要的層面來進行了解，找出自己的孩子究竟哪方面出了問題，父母才能對症下藥，進而有效全面的解決孩子不想讀書的問題。

(1) 智力成熟度不夠

　　人的大腦是一個非常複雜的構造，約有156億個神經細胞，常用的腦細胞只占不到1/5。據估計，人類即使活到100歲，也只耗損掉腦容量的1/14，其餘的大部分腦細胞都沒有發揮作用，人類為此，正如火如荼的探究其中的奧祕。

　　然而人的這些腦細胞，不論有用的、沒用的，在3歲時，就已經發展到60％。這說明了人類的性格與智力，在3歲時就已經建立相當的基礎。3到6歲時，腦細胞繼續發展，約達80％，人類也在這期間，建立起各種生

活習慣與學習群居的能力。到小學、中學期間，記憶力、理解力、思考力等方面，都逐漸有了明顯的發展，14歲時，腦容量已經發展到接近成人的重量。因此，一些教育專家認為，在國中畢業之前，是實施教育的重要時期，也是影響人一生成敗得失的關鍵時刻。

每個發展階段，孩子的大腦思維，應該要發展到某一個特定的程度，才表示智力夠成熟，可以進入另一個學習階段。這也是為什麼許多父母，在整個大腦發展過程的初期，也就是孩子面臨要開始讀書學習的階段時，就會發出一個疑問：

「我的孩子智力成熟度夠了嗎？可以就學讀書學習了嗎？」

完整的智力的評斷，包括語言能力、創造能力、邏輯推理能力、判斷能力、計算能力、知覺能力、辨識空間形狀的能力、觀察能力、專注能力、解決問題的能力等，近年又增加了音樂、體能、人際關係與情緒、內省能力等。這些能力都可以透過學習而增加，也就是說，可以從孩子的形象與抽象思維的發展程度，來作為區分智力的標準。

什麼是形象思維與抽象思維呢？

　　簡單的說，形象思維指的是形象、語言等能力方面的發展，抽象思維則是指分析、比較、綜合與因果等能力方面的發展。

　　一般人都是由具體形象的思考模式，逐漸過渡到抽象形象的思考模式。嬰、幼、兒童階段所發展的，是形象思維，所以非常適合採用教具、遊戲等，幫助孩子體驗生活，進而再漸次的發展出抽象思維。少年〈國中〉、青少年〈高中〉階段的孩子，則需要兩種思維交互作用、影響、相輔相成，才能達到智力的更高境界──創新。

　　整個智力的發展過程，有時會上升，有時會下降，有時又有升、有降等，每個升、降狀態，又與孩子的個性、教育方式、環境等有關。

　　智力既然可以透過學習而增加，那麼相對的，也可以根據孩子大腦發育的成熟度，來作為衡量智力的標準。例如透過智力測驗所得的 IQ 指數〈智商指數〉，就是其中一種衡量的標準。孩子經過測驗的結果，如果 IQ 在 70 以下，屬於智力較差的；在 70 到 90 之間，屬智力稍低；在 90 到 110 之間，算是智力普通的；在 110 到 130 之間，屬於智力優等，超過 130 以上的，算是相當優秀的，可以

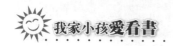

進入資優班。

　　一般的孩子大都落在普通的規格上。資優的孩子,在教育系統的認定上,是可以提前入學,也可以跳級學習。但是,如果孩子的 IQ 低於 70 以下,被證實是精神薄弱的孩子,就得進啓智班。

　　不過,有些看似精神薄弱的孩子,只是生理發展得慢一些,體力不足,看起來好像精神非常不振的樣子,如果加強他們的活動力,改善身體發育的狀況,就會趕上一般小孩,和一般小孩一樣活潑健康了。

　　IQ 在評量孩子的潛能上,是很重要的指標,但也有許多它無法衡量的狀況,例如近年廣爲大家所知的 EQ 部分。所以,父母不應完全以 IQ 來作爲評量孩子智力的標準,有些孩子智力表現不好,成績不良,並不是智力的關係,而是其他原因,如性情上出現障礙、情緒問題等。當父母對孩子在智力方面有疑慮時,一定要找專家多方面進行評估,不要被單一智力測驗的分數給矇住了眼睛,導致錯誤的評估。

　　但如果經過專業的認定,確認孩子的智力成熟度不

夠，這時就要借助多方面的刺激，使孩子的智力得到發展。否則，就算提早就學，也會面臨跟不上、學習不良的情況。

(2) 學習力不足

如果 IQ 和學習表現的落差非常的大，有可能是因為先天智力，也有可能是生理上出了問題，而有了學習障礙。這些孩子在讀書學習時，自然會有表現不佳的狀況。這時候，找出真正的「元凶」，就勢在必行了。

一般人當知覺系統受到衝擊時，訊息會傳遞到識學系統〈如大腦〉，然後由運動系統作出反應。沒有學習障礙的孩子，通常能夠有效的學習，也就是知覺〈如眼、耳、鼻等感覺〉、智力與運動三方面的系統，能夠成功而有效的配合運作。然而有學習障礙的孩子，大多是三個系統中，其中一種或多種系統的功能有所缺失或失調，以致不能發揮整體有效的配合與運作，使學習出現障礙。

這時，與其自怨自艾的抱怨命運多舛，不如積極的求助於專業的輔導，進行特殊教育。目前有許多學習障礙的孩子，透過各種專業輔導、刺激，找到自己一片天的成功

例子，在輔導過程中，父母、親人耐心持久的扶持，是相當重要的關鍵。

(3) 個性發展不同

有句俗話說：「個性影響格局，格局決定命運」，孩子的個性發展，對他的將來，有特定程度的影響；而孩子的將來，又與孩子讀書學習的過程，有著相當緊密的關連性。

可是，不同的孩子，大腦受到的刺激也不同，個性也顯現出多樣性。例如，有些孩子很主動、有些很衝勁、有些拖拖拉拉、有些獨斷獨行、有些憂鬱沮喪、有些事事小心、有些反覆善變等。這些不同個性的孩子，讀書學習的狀態與依循的模式也不盡相同，必須了解孩子的屬性，因材施教，找出一套適合他們讀書學習的方式，才能有效的引導他們讀書學習。

2500 多年前，中國最偉大的教育家孔子，就已經開始講究「因材施教」的方法了。在他將近 3000 個學生之中，有的好盛、有的懦弱、有的猶豫過多、有的魯莽有餘，才能氣質各有不同。當這些不同個性的學生來問他的

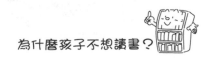

相同的問題時，他都會根據學生的個性特質，給予不同的解答。

　　孔子的這套教育方法，連現代的教育專家，都很認同它的關鍵性，學生也能感受到它的好處。所以，現代的父母如果也能繼承這樣的觀念，事先了解自己孩子的個性，選擇適當的方式，有計畫的給予引導，而不是把一個標準，套用在所有的孩子身上。相信這樣做之後，孩子的讀書狀況，應該會有很大的改善空間，甚至可能因此而降低孩子對讀書的排斥感，收到因勢利導的最大利益。

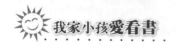

第二章　外在環境的影響

爭取孩子認同、你可以常說的話：

「我了解……。」

「噢！對不起！」

「我們打你、罵你，那是因為我們愛你！」

「喔！我不囉唆了。」

「我知道你已經盡力了。」

　　有一部分專家認為，人的性格、氣質、思想等，在 3 歲前就已經大致成形，除非受到極大的壓力或刺激，才會有所改變。這樣學說的建立，有了許多因早期受教育而被塑造成功的天才例子。這些例子證明了遺傳的因素，的確對人的智能、性格，有著決定性的力量，人的很多能力，的確都是在嬰幼兒階段培養而成的。

　　然而不可否認的，「環境」因素對人的智慧，卻是更偉大的塑造者。這也回應本書開宗明義提到的，外在環

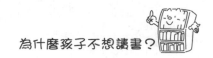

境對孩子讀書表現的影響力。

心理學家皮亞傑曾說：

「孩子智力的認知能力，是由天生的遺傳與後天的環境所交互作用而成的。」

人在嬰兒時期，就大大的受到母體子宮環境的影響，長大後更深受生活環境的影響，孩子在讀書學習的過程中，當然也不能豁免於環境因素所帶來的衝擊力。例如，來自家庭或學校的壓力，使孩子的情緒不佳；或關於整個教育問題，導致教育環境不好，都會直接或間接的使孩子不想讀書、不能好好學習。

1. 受家庭、學校影響而情緒不佳

別小看孩子的情緒，如果孩子的情緒不佳，不但對疾病的抵抗力降低，也會影響身體的健康〈如經常感到恐懼、孤單，容易有頭痛、胃痛的毛病〉，對讀書學習也有很直接的影響。

大多數的孩子，情緒不佳是受到家庭因素或學校體制

的影響。例如家人有爭執、暴力、酗酒的情況，面臨父母婚姻破裂、分離、死亡，或遇到轉學、輟學、貧窮無力就學的問題，亦或遭受同學勒索、挑釁、欺凌，老師的性騷擾、受同學間抽煙、吸毒等不良習慣的影響等因素，對孩子都會造成很大的壓力，甚至形成心靈創傷，使孩子出現情緒不穩定、不佳的狀況。

　　在這些壓力與創傷尚未得到紓解或治療之前，孩子如何能把心力專注在讀書學習上呢？

2. 家庭教育環境不良

　　愛迪生曾說過：

　　「教育之在於人，就如同雕刻之在於大理石。一些哲學家、聖人、智者等偉人，往往原本是寂寂無聞的被埋沒著，直到經過適當的教育，才使他們被挖掘出來而發光、發熱。」

　　教育對人是如此的重要，與之息息相關的教育環境，自然不能擺脫其影響力。而教育環境除了學校教育以外，

來自家庭教育環境的影響力，算是最有力的了。如果家庭的教育環境不良，或給予的教養不適當，對孩子自然會有負面的影響。

　　早期的教育專家孔子，曾經說過「里仁為美」、「居必擇鄰」的話，對住家環境非常注重，也十分在意孩子的交友狀況，認為如果住家的教育環境好，孩子就會有「長成若天性，習慣成自然」的自然好表現。

　　以前的孟母為了給孟子一個好的住家環境，曾經搬三次家。第一次，他們住家附近有墳場，孟子整天哭哭啼啼，學人家哭墓、築墳，孟母決定搬家。沒想到第二次的住家附近有屠宰場，孟子又整天學人家宰宰殺殺、販賣叫喊，孟母決定再搬家。第三次搬到學校附近，孟子看到學生們個個捧書閱讀、揖讓有禮，也學他們看起書、重起禮來，孟母才安心的住了下來。

　　古人連住家環境，都這麼在意，更何況和孩子切身相近的家庭環境，更是不敢忽視了。歷代不乏家庭環境對孩子發揮影響作用的例子。例如，明朝的歸有光，他 4 歲時，母親就開始教他識字， 7 歲母親就就讓他念縣學。每天晚上，母親總是陪他讀書讀到很晚，不斷鼓勵他廣泛

的涉獵、閱讀。歸有光上學期間，無論是風霜雨雪的天氣，從來沒有缺過課，對讀書更不敢懈怠，如果稍有懈怠，母親就會非常嚴厲的責備他。久而久之，歸有光累積了根深柢固的學問基礎，長大後更成為明代相當著名的散文家。

元朝的王冕，出身貧農，每天只能替人放牛。可是，王冕的母親發現自己的兒子，經常在放牛的時候偷偷看書。於是，母親不管當時的家境是那麼的窮困，努力的說服王冕的父親，讓非常喜歡讀書的王冕有機會讀書。果然，王冕長大後，成為天下聞名的詩人兼畫家，他母親因「材」施教的功勞最不可沒。

但是，並不是每個人都這麼幸運，有個擁護自己的母親與家庭。人們對於自己的生長環境，無從選擇，誰會出生在酗酒、吸毒、賭徒、幫派的家庭中，誰也沒有定數，其中有很大一部分，是受到運命機率的擺布，只有很小一部分，才能靠著個人後天的覺醒與強大毅力而改變。

有些孩子即使幸運的出生在優良的家庭環境中，卻因為父母不適當的教養方式，最後走向偏頗的道路，不盡然都有優異的表現。身為父母的人，也許有人會有異議，認

為自己對孩子的管教嚴格，孩子會不學好、走上歧路，是孩子自己的問題。

可是，什麼叫做「學好」？什麼又叫做「不學好」？孩子和父母的看法截然不同。孩子一點也不承認自己「不學好」，為了表達他們的不願屈從，就選擇不讀書來違抗父母，因為父母最重視讀書問題。

但父母卻誤認為，孩子小時候就像一張白紙，為了孩子有個無可限量的前途，使盡渾身解數要讓孩子「學好」、「就範」，甚至「好意」的讓孩子補習進修各種五花八門的課程，深怕錯過了什麼。結果孩子並不領情，非但學習效果不彰，讓父母白浪費錢，還弄得親子關係緊繃。

這樣值得嗎？

一些父母也許會無助的問：

「我這都是為孩子好，難道錯了嗎？」

父母蓄意的出發點，當然是好的，問題出在使用的方法。因為連教育專家都認為，就算自己是多麼優秀，也不能對孩子的教育為所欲為，只能在孩子也有需求的基礎上，引導他們學習，而不能強迫他們學習。

　　親子之間如果缺乏溝通，父母又採取強迫的手段，常常是導致幼齡孩子提不勁兒讀書，而青少年孩子則選擇反抗讀書的關鍵所在。

　　此外，父母在孩子求學的階段，常常犯了下列一些教養盲點，例如一味的與別人比較、把成績分數看得太重、目標訂得太高〈孩子無法達成，自信心喪失，興趣就跟著銳減了〉、缺乏正面的認同與鼓勵等等，無意間又扼殺了孩子的讀書興趣而不自知。

　　父母應該審視一下自己，是不是也是扼殺了孩子讀書興趣的現行犯之一呢？如果是，應該怎麼做呢？父母如果能找出自己孩子不愛讀書的原因，從根本問題著手，相信可以找到改善的方法。就算做不成事事要求完美的父母，也可以做成循循善誘的父母。

　　接下來的篇章，將會針對改善孩子不想讀書的問題，提出一些觀念、意見與方法，希望可以幫助憂心忡忡的父母，讓孩子由內到外有所改變，提高孩子對讀書的興趣，並減緩親子之間的衝突。

第2篇

如何讓孩子 輕鬆讀、自在學？

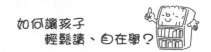
第一章　激起孩子的讀書興趣

爭取孩子認同、你可以常說的話：

「人難免都會犯錯。」

「每個人都有缺點。」

「成功了，了不起！」

「再加點油！加油！」

「你說呢？你有什麼看法？」

　　如果孩子沒有第一篇提到的身心發展上與外在環境上的重大問題，還是不喜歡讀書，問題就單純許多，這時父母只要加把勁兒，細心觀察，不難了解孩子不愛讀書的原因所在。

　　其實，要避免孩子不想讀書的問題，最好還是要從小就開始著手，並且有計畫的培養孩子的讀書興趣，到了就學以後，排斥讀書的問題，才不會占據親子的相處空間，成為親子親密感情的無情殺手。

　　但是，很多父母無從了解孩子智力的成熟度，在孩子上學讀書前，也顯得既茫然又緊張，不知道該做些什麼事，才是對孩子有幫助的。

　　下面提列了一些途徑與方法，給予孩子還在學齡前階段的父母，幫助父母尋找到方向，為親愛的小兒女們，打下幾劑「愛讀書」的預防針，讓他們對「不愛讀書」產生免疫力，為將來讀書學習奠定優良的基礎。

1. 學前的暖身運動

　　不可否認的，現在學齡前的孩子因為營養改善，又受父母疼愛與重視，的確比 3、50 年前的孩子，智慧發展得早些。因此，有部分人士主張，應該讓孩子提早就學，許多國家，包括英國、美國、以色列等，都將義務教育提前到 5 歲。

　　但這裡必須強調一點，這些國家並不是讓孩子提前在 5 歲進小學，而是另外設立幼兒學校或幼稚園讓孩子學習。然而無論是幼兒學校或幼稚園，所實施的學前教育，

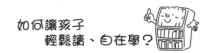

注重的都是啓發、創意等方面的刺激，而不是學業成績，目的是要讓孩子爲小學教育做學前的準備。

根據教育學博士劉修吉在《家庭教育》一書提到，孩子腦細胞發育最顯著的時期，是在 9 歲以前，在這個階段的孩子，每相差一歲，在智力方面，就會有 3 年以上的差距。所以，建議父母不宜過早讓小孩上小學，因爲他認爲學齡前的孩子，必須到達一定的智力，才有辦法跟得上讀書學習的腳步，否則恐怕還是會出現學習上的問題。

他的說法，恰好回答了前一篇「我的孩子智力成熟度夠嗎？可以就學讀書學習了嗎？」的問題。父母在決定時，應該審慎評估、判斷，才不會做出錯誤的決定。

附表三　學齡前孩子的就學能力

一、絕對必備的能力

❖ 能自己上學，不迷路。

❖ 能辨識紅綠燈號、注意來車，自己過馬路。

❖ 具有上學所需的體力與健康。

❖ 會說、念、認識與寫出自己的名字，被叫到名字時會回答。

❖ 能自己上廁所，不弄髒便器、衣服。

❖ 會自己穿脫衣服、鞋襪、扣扣子、拉拉鏈。

❖ 會搬運桌椅、簡單的行李。

❖ 會自己擦鼻涕。

❖ 不靠近危險地方,不玩危險遊戲。

❖ 遇危險時會大聲呼救。

❖ 沒有傳染性的疾病或皮膚病。

二、需要具備的能力

❖ 不需接送,可以自己上下學。

❖ 會靠右邊走人行道。

❖ 遇機、汽車會知道要閃避。

❖ 會自己打開、關好書包。

❖ 會自己擦汗、使用筷子吃飯。

❖ 吃飯時,飯菜不會掉滿地,萬一掉了也會自己撿起來。

❖ 能分辨自己的東西與別人的東西。

❖ 遊戲時不會尿濕褲子。

❖ 能定時大便。

❖ 會遵守秩序與遊戲規則。

❖ 能在規定時間〈晚上約 8～9 點〉上床睡覺。

❖ 能在規定時間〈早上約 7 點以前〉起床。

❖ 會整理自己的棉被。

❖ 會整理玩過的玩具。

❖ 身體不舒服時會告訴老師。

❖ 會說出父母親的名字、家裡的電話、住址、自己的年齡。

❖ 知道說謊的壞處。

❖ 大人不在時,不會玩危險遊戲。

❖ 沒有心臟病、肺病與營養不良。

三、希望具備的能力

❖ 能自己上下樓梯。

❖ 能分辨前後左右。

❖ 跌倒了，會自己爬起來。

❖ 不亂哭。

❖ 不做別人討厭的事或是惡作劇。

❖ 能與別人分享玩具。

❖ 會愛惜東西與公物。

❖ 會說出自己學校的名稱。

❖ 能安靜的聽別人念書。

❖ 吃飯不需要人催促，沒有偏食的習慣。

❖ 會自己換睡衣後再睡覺。

❖ 能分辨淺面的善惡。

❖ 會遵守與老師、同學約定好的事情。

❖ 向別人借東西，會記得歸還。

❖ 會聽從老師與父母的教誨。

❖ 做錯事會接受別人的指正、教導，勇敢的承認錯誤並道歉。

❖ 不會為了逃避處罰而推卸責任。

❖ 自己的事自己做，不麻煩別人。

❖ 沒有聽覺、視覺與發聲器官方面的毛病。

❖ 注射過所有該注射的預防針。

❖ 沒有眼疾。

那麼，孩子在上小學前，該具備哪些就學能力，才能跟得上學習呢〈參考附表三〉？父母該為孩子如何做學前的暖身呢？

(1) 豐富孩子的生活體驗

讓學齡前的孩子親身體驗各種生活，對於孩子的能力刺激最有幫助。因此，平時可以陪孩子做做美勞、玩各種遊戲、種種花草或養養寵物等；假日帶著學齡前的孩子外出時，不要放過任何可以教他觀察和學習的事物，無論是商店、市場、天文館、動物園、博物館等，盡可能將所看到的說明給他聽，孩子的觀察、語言、思考等能力，就會不知不覺在其中建立。

(2) 滿足孩子的好奇心

孩子，尤其是學齡前的幼兒，通常只喜歡做自己喜歡的事，表現得非常自我，要強迫他們做不喜歡的事，並不容易。所以只能在孩子也有興趣的前提下，他們才會興起好奇心，才會學習。

所謂好奇心，其實就是對不清楚的事物感興趣，想一探究竟，並將之轉化為自己的體驗的一種慾望。好奇心是激發孩子學習興趣的原動力，一旦孩子基於好奇的探索行動得到滿足，他們的創意就會更多、更新，興趣也就會更濃，各種學習往往就是從這裡開始的。

　　所以，如果孩子沒有興趣，不想主動學習，父母通常也很難為他開啟一個新的學習階段。相對的，如果孩子滿懷興趣，那麼再難學習的階段，他們也能輕易的克服。

　　遺憾的是，父母常會阻止學齡前孩子的好奇行動，很多都是基於安全的考量，深怕孩子在不明究理、沒有經驗的世界中受到傷害或挫折，卻不知道過度的保護，反而會剝奪孩子對周遭事物環境的判斷力、應付力等，一旦面對危機，將使孩子的情勢更趨於危險。

(3) 加強孩子的就學能力

　　對於學齡前的孩子，學前的暖身運動有其必要性。但要說明一點，既然是學前暖身，大多數的項目，自然是針對幼齡的孩子所設計，而設計的目的，主要是要幫助學齡前的孩子，適應學校生活。

　　因此，上學讀書前，最好能加強智力的刺激，使孩子的求知能力、語文能力、想像能力、學習能力、數學能力等各方面，都有所發展〈參考附表四〉。孩子有了這些基本的能力，才能進而培養出創造力，提昇孩子的競爭力與生活能力。唯有在孩子各方面能力，都到達每個階段該

有的成熟度，才不會出現學習上的問題。

附表四　刺激智力的方法

求知能力	盡量讓孩子做有興趣的事。 多帶孩子參與活動，累積生活經驗。 逐漸提高問題難度，讓孩子自己找答案，訓練讀獨立思考。
學習能力	放學後，可讓孩子先玩一會兒，再做功課。 訂定讀書計畫，按計畫並慢慢的讓孩子獨立進行。 滿足孩子讀書學習的成就感。 不介意孩子嘗試失敗、受挫，鼓勵孩子在失敗中學習經驗，重新站起來。 觀察孩子的興趣所在，鼓勵孩子豐富自己的生活。 培養主動讀書學習的精神，並長久維持。 規律的作息、充足的營養、適當的運動。
創造能力	培養孩子的興趣，滿足他的求知慾。 不要被標準答案所局限，讓孩子有機會充分表達自己的意見。 增加語文、閱讀能力，刺激思考、想像力，使產生新形象與觀點。 加強數學能力，訓練邏輯、研究能力。 多觀察自然，可啓發探求、思考、實證等能力發展。 多玩、多看、多學習。
想像能力	無論購物、居家布置、生活安排、旅遊渡假等，盡可能讓孩子參與。 提問時，可慢慢增加問題的深度、廣度，讓孩子對一個問題，產生聯想。

36

讓孩子獨立尋找答案。

有機會收集孩子喜愛的東西。

透過神話、童話、奇幻等故事，讓孩子的想像空間擴大，學會解決生活上的難題。

選擇適當的影片、卡通、CD-ROM等，讓孩子觀賞學習。

選取組合性、無固定玩法、娛樂價值高的玩具。

讓孩子玩角色扮演、說故事等遊戲。甚至可以讓他編故事、演故事。

常玩接龍、接字或接詞等類的遊戲。

不斥責孩子異想天開的想法，讓他的想像力起飛。

| 說話能力 | 父母運用豐富、恰當的詞彙，常和孩子對話。
話多、愛問問題的孩子，應善加引導。
多交友、多遊戲、多表達。 |

| 數學能力 | 由遊戲中，引導孩子比較、分類、形狀、度量、顏色等基本數學概念。
給予積木，讓孩子了解空間、形狀變化、結構關係。
用不同顏色的珠子或豆子，讓孩子練習分類、數量、分與合的數學概念。 |

(4)感染上學的喜悅氣氛

父母平日除了應用注意上述幾個方向外，當孩子接近到學齡階段，也就是接近上學之前，也要設法讓孩子感受上學的喜悅氣氛，孩子比較不會排斥上學。例如：

● 帶孩子參觀要就讀的學校，讓他熟悉讀書學習的

環境，上學後比較不會緊張。也可徵求學校的同
意，讓孩子看看小朋友上課、玩遊戲的情形，以減
除孩子心中的不安。

● 選擇固定的時間帶孩子逛書店、買書、上圖書館，
熟悉看書本，習慣由書中取得知識的方式，並乘機
品嘗親子讀書的樂趣，孩子也比較不會排斥讀書。

● 帶孩子選購文具、書包、用品等，孩子可以在選購
可愛動物橡皮擦、有造型的釘書機、有聲鉛筆盒、
貼紙簿等文具用品的同時，感受到上學的氣氛，激
起孩子對上學的期待心，並意識到上學的日期就要
到臨，而有了心理準備，奠下日後愛讀書的基礎。

此外，須注意孩子上學後的情緒與變化，有些孩子上
學後會有恐懼、不安，甚至不想上學、睡不著覺、做惡
夢、尿床、食慾不振等現象產生，父母應給予適當的心理
輔導。

2. 激發讀書學習的動機

有人形容人的學習動機就如同望遠鏡，雖然使視野變小，卻讓主要的視線集中放大了，有助於學習。有哪個父母不期待自己的孩子愛讀書、肯學習呢？如果能激發孩子愛讀書學習的動機，就能達到事半功倍的效果。

至於孩子讀書學習的動機，依發展階段的不同，可分為內部動機與外部動機之分。

外部動機是由外界給予的獎懲、考試、口頭鼓勵或是注目的讚許，使孩子產生想讀書的意願。

內部動機則是指孩子因為自己內心有所理解、體會，或是因為他們的好奇心、注意力或覺得有趣的事，得到滿足、喜悅，所產生的讀書動機。

學習動機如果太強時，如給予太多考試、懲罰的嚴格要求，容易出現有壓力、囫圇吞棗的學習狀況，學習成果往往見樹不見林，達不到好效果；如果學習動機太弱，又因容易被外界其他因素的影響，無法專心一意，學習效果也不佳。

所以，給予適當的激發，是相當重要的。一個有良好學習動機的孩子，願意追求成功，得到成功的方法是正

面、積極、敢大膽嘗試，也敢於承認錯誤與失敗，從挫折中學習各種經驗，而不怨天尤人。

一般來說，低年級以下的孩子，比較適合給予外部動機的刺激，中高年級以上的孩子，則適合採用鼓動內部動機的方式。

至於到何時需要採用哪一種方式？與什麼時候需要把外部動機，轉化為內部動機？如何讓孩子把內在的動機發揮於外、付諸行動，都是要靠父母細心的觀查，與適時的調整。

假如父母想盡辦法為孩子打開各種學習之窗，又盡量的引導他們，使他們的好奇心得到滿足。孩子在好奇心的指引與探索下，找到自己的興趣，因此而學到更多，生活知識更豐富，那麼，潛伏在內在的學習動機就越旺盛。

父母的態度很重要，如果再順應孩子的興趣，使孩子的這分潛能，在大腦興奮的狀態下，得到最大的發揮，將進一步產生一股內在的力量，可以無窮無盡，就像不斷電系統一樣，可以持續不斷為孩子提供讀書學習的動力。

3. 營造讀書環境的氣氛

孩子總算高高興興的上學了，但是有些孩子上學後的讀書情況，和父母所期望的情況落差很大。這些父母非常驚訝，也為此大傷腦筋，說：

「我的孩子在書桌前一點都坐不住，簡直無法好好讀書……。」

據了解，孩子坐不住，一般都是覺得在書桌前讀書，是一件很無聊、無趣的事，才會想辦法逃避。父母如果一直持著否定的態度，孩子也會受到影響，信心更加喪失。

父母如果改變一下，給孩子一個有趣、能夠持續學習的環境，也就是營造一個很有書香氣氛的讀書環境，孩子會有什麼轉變呢？或許就可以立刻改善這一部分的問題也不一定。

那麼，該如何營造讀書環境呢？

(1) 安排一個安靜的讀書位置

無論做任何事，有固定的位置或區城，比較能專心的學習。讀書也一樣，如果環境太吵雜，通常比較不容易專心。所以，盡可能選擇一個比較安靜、出入較少的位置，

並在可行的範圍內，盡量營造出濃濃的讀書氣氛，原則上，只要達到舒適、方便與安靜的條件就行了。

如果不能給一個房間，最起碼也要找到一個角落，用櫃子、布簾隔開都無妨，只要有所區隔，都可以提昇孩子讀書的興趣。如果家裡實在找不到安靜、合適的地方，乾脆讓孩子到同學家、圖書館或學校教室去讀書，也是可行的辦法。尤其是圖書館，不但有冷氣，還有很多學生讀書，可以發揮帶動的力量，讓孩子學習模仿。

(2) 準備合適的書桌椅

如果空間與經濟許可，可以為孩子準備一個書桌椅。書桌長約90公分，寬約45公分，高度都要與孩子的身高配合。如果不行，用餐桌或茶几也可以替代。椅子只要高度合宜〈可選擇可調整高度的，較為經濟實用〉，坐起來舒服就行了。

初期必須注意到孩子的坐姿。孩子剛開始讀書時，一定要注意他們看書、寫字的姿勢，如果習慣坐姿不良，不但日後不易矯正，也會影響到孩子的生長，到時恐怕會後悔莫及了。在此附帶一提，孩子寫字的筆劃順序也要注

意，如果一開始就寫錯了，日後也會不容易改正。

在書桌上可放一些吸引孩子的小燈、小飾物、圖畫、簾幕、花鳥蟲魚等。必要時，也可花些心思，根據季節來變換書桌椅的位置或配飾，吸引孩子喜歡與融入自己的讀書位置。

(3) 適當的照明設備

讀書時的照明設備也很重要。

有人研究，房間內的燈光如果都很亮，容易令人感到不耐煩。但如果不夠亮，例如只有書桌的地方亮，四周完全黑暗，又容易讓人想打瞌睡，達不到集中精神讀書的目的。最好的方式是房間四周微暗，書桌部分明亮，以突顯出書桌的存在，最容易讓孩子專心讀書。

至於書桌的照明光源，也就是桌燈，由左上方照下來最合適，距書桌約50公分的高度，照明度大約在60瓦的光線直射範圍內，最好是日光燈，且能自行調整角度。

(4) 播放讀書音樂

在讀書時間到臨之前，不妨播放一段讀書「開場」的音樂，孩子熟悉一段時間之後，只要一聽到讀書「開

場」的音樂時，就知道讀書的時間到了，而有了「該讀書了」的心理準備。

讀書「開場」所播放的音樂，可以在孩子進入讀書狀態後停止，也可以一直播放。是否播放，完取取決於音樂對孩子讀書的影響程度。如果孩子易受音樂影響，顯得不專心，就應該停止播放；如果對孩子讀書不造成影響，就可以繼續播放。原則上，讀書時間內所播放的音樂，以清靜、單純、不吵雜為主。

(5) 取拿方便的書櫃

另外，給孩子一些書櫃，也是很好的布置。不過，有些家庭的書房安置得很漂亮，為了美觀起見，把給孩子看的書也束之高閣，結果當孩子興致勃勃的要看書時，卻發現取拿不到，或發現書擠得太緊，拿不出來，找人幫忙又嫌麻煩，後來乾脆就放棄想看書的念頭了。

基於這樣的因素而放棄讀書，實在很可惜。所以，孩子讀的書，不論是課內、課外的讀物，都要盡可能放得讓孩子容易取拿，孩子才會時常去拿來翻看或查詢，進而培養出一顆愛讀書的心。

(6) 充實藏書與收藏品

讓孩子透過書展、過期書特賣會、叢書俱樂部等管道，買到便宜又喜愛的書籍，來充實孩子書櫃的藏書。這些書籍如果是孩子自己購買到的，又是自己喜歡的，自然會百般的愛護與經常翻看，無意中也會加強孩子的喜歡讀書動機。

如果經濟不許可，可以到圖書館借。有些圖書館，像是台北市立圖書館，有家庭卡這種形式的閱覽證，一次可借20本書籍長達 1 個月，孩子可從圖書館借回喜愛的書，擺進自己的書櫃，慢慢的欣賞 1 個月後再歸還，效果不下於自己購買的書。

如果書桌抽屜放有孩子喜歡的收藏品，例如郵票、車票、集卡、小模型、漫畫、洋娃娃等，或在透明桌墊下或牆上放有孩子喜歡的圖畫、海報、卡片、飾物，讓孩子慢慢的充實，孩子在自己「寶物」的陪伴下，一定更樂於坐在書桌前讀書了。

4. 培養閱讀能力

「閱讀能力」是讀書學習的基本能力，是非常重要的能力之一。

日本作家島影盟曾指出，讀書的三大原則：多讀、養成閱讀習慣與熟讀。

一旦孩子經常閱讀，閱讀能力自然會逐漸增加，對於文字所傳達的意義與內容，也就比較能夠了解，上學後，不易有「看不懂題目或課文」的阻礙，對於讀書就不覺得有什麼困難，相反的，還會覺得有趣。

曾經有位父母，為了孩子的數學成績考不好而大惑不解。她的孩子在家時，數學題目都會做，可是考試成績卻相差十萬八千里。追究到最後，才知道孩子根本看不懂考試的題目在問什麼，當然就無從作答了。在家之所以會解題，是因為不懂時有媽媽可以問。

不只是數學如此，其他的任何科目都是如此，因為閱讀能力差，學習出現斷層的情況不在少數。所以，陪養孩子的閱讀能力，是刻不容緩的事情。孩子只要有一定的閱讀能力，基本上都會喜歡讀書，在校讀書學習的情況，比較不會有問題，即使有也顯得單純得多。何況閱讀可以幫

助孩子開拓視野、建立世界觀，使孩子擁有開闊、通達、樂觀進取的人生觀，父母何樂而不爲呢？

可是，該如何培養孩子的閱讀能力呢？

(1) 從小開始培養

很多人說：「愛讀書的孩子不會變壞。」

愛讀書的基本能力，就是閱讀能力，有了閱讀能力，才能產生閱讀興趣。而閱讀的興趣，最好是從小就培養起。孩子如果喜歡閱讀，就會把注意力集中在書上，自然會遠離暴力或色情性的電腦遊戲，不致浪費時間整日看電視，或整天無所事事，覺得無聊，老想往外跑……。

但是，爲了要讓孩子體會書中的各種情境，需要讓孩子多多的體驗生活，孩子才有辦法融入、了解、品味人生，兩者才能相輔相成。

(2) 抓住適當的時機

教育專家認爲，培養孩子的閱讀興趣，要抓對時機。疼愛子女的父母馬上會問：

「什麼時機最恰當呢？」

當孩子不斷的發出「爲什麼？」、「是什麼？」、

「在哪裡？」等疑問時，就是最佳時機。這時父母應該要耐性的回答，因為處在這個階段的孩子，正在尋找協助他們了解四周環境的資訊，如果能給予適當的回應，孩子的智力、知識等，很快的就會有所連結和進展。

　　須注意的是，答案要盡量符合孩子的年齡，如果父母講解得太深，孩子沒辦法理解，說了有如白說。但如果隨便敷衍，又容易帶給孩子錯誤的資訊。為避免如此，可乘機帶孩子到圖書館或是書局，去接觸圖書，從中查詢出正確的答案。當孩子的好奇心一次次的在書中得到了滿足，自自然然的，就會吸引孩子對讀書產生興趣。

(3) 循序漸進的閱讀

　　學齡前的孩子因為還識字不多，無法自己閱讀。父母可以選擇孩子喜歡、圖畫多、文字少的書，陪孩子一起閱讀，念書給孩子聽。慢慢的，到了孩子小學中、低年級時，就可以為他選擇文字多、圖畫少的書。等孩子到了高年級後，就可以讓他自己選擇全部都是文字的書來閱讀，閱讀文字豐富的書，思想就不再受圖畫所局限，而能運用自己的想像力、感受力，融入書中的情境，去品嘗讀書的

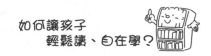

情趣與快樂。

　　學齡前的孩子不能很完整的表達意思，所以，循序漸進的選擇合適的書籍、讓他盡情表達等，都是在幫助孩子學習表達出自己的思想，也是引起孩子閱讀興趣很重要項目之一。

　　剛開始時，父母可以選擇一些有意義的趣味寓言或童話故事，用孩子能懂的語言講給他聽，若能搭配表演，例如豐富的面部表情、變換聲調和適當的肢體語言等。對於看不懂文字和注音符號的幼齡孩子，照書念也沒有關係。但對於較大的孩子，可以偶而脫離書本的情節講述故事，以增強他們對故事內容的感受力，及抓住故事主題的能力。

　　一段時間後，不妨鼓勵孩子〈尤其是小學中、高年級〉大聲朗讀，甚至讓他先看故事，再把故事內容和他的感想說出來。而父母本身一定要當一個有耐性的聽眾，即使孩子很吃力的說卻還說不清楚時，也不要隨意的打斷他，應該以認同、鼓勵的態度，例如，問一句「然後呢？」、「結果呢？」等簡單的詞語，讓孩子隨興的表達，這樣才能讓孩子的表達力、想像力、思考力等能

力，得到充分的發揮。更重要的，是透過這樣的過程，才能建立自信、激起孩子讀書的興趣。

如果孩子有興趣，不妨鼓勵孩子寫故事，父母可以幫他把書頁裝訂起來，做上封面，甚至畫上插圖組合成書，親子共同欣賞孩子的「傑作」，最後別忘了要結結實實讚賞孩子的努力，孩子才會因此產生更愛讀書的動力。

(4) 善用圖書館資源

如果礙於經濟的考量，無法購得孩子想要的書，圖書館可以解決這方面的問題。圖書館的藏書豐富，無論百科、人文、小說、科技、雜誌等，都分類得很好，有些甚至採用開架式的，取拿、查詢都十分方便，設備各方面也都很周到，值得善加利用。

(5) 身教與閱讀內容的把關

如果家人都愛讀書的話，孩子愛模仿的本性，不用特別提醒，就會耳濡目染的跟著讀書了，這是好的「讀書環境」所發揮的影響力之一。

有一個人經常看書看到一半，豁然的把書放在一邊，跑去查大字典或百科，他先生也常在和家人聊天、熱烈爭

論的中途，跑去書櫃查答案，結果他們的孩子，個個都有這樣的「毛病」。孩子從過程中，學到爭吵、吹牛毫無意義，真知、求知才是最重要的。

　　至於該讓孩子看什麼書好呢？

　　一般來說，孩子喜歡看什麼書，就讓他看什麼書，漫畫也無妨，最好是以孩子的興趣為主，不要給予太多的限制。這樣做的目的，是要讓他培養出「喜歡閱讀」的好習慣。

　　對於書的類別，雖然可以不加干涉，但是，對於書的內容，父母卻一定要把關，不要讓孩子看到不適合的內容，例如暴力、色情、恐怖、怪異等等。這樣，孩子才能在身心靈純淨、健康的發展下，同時享受到閱讀的樂趣。

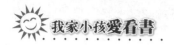

第二章　邊玩邊學

> 傷害孩子、說了不如不說的話：
>
> 「你怎麼這麼笨啊！」
>
> 「你實在太不爭氣了！」
>
> 「真希望當初沒有生你！」
>
> 「如果你像……就好了……。」
>
> 「哎呀！我來啦！你不會做！」

　　孩子讀書不專心、摸東摸西、走來走去，是很多父母心中的痛，他們經常抱怨：

　　「我的孩子簡直糟透了，老是一邊玩、一邊讀書，真不知道該怎麼辦才好？」

　　你是否也有著相同的困擾呢？

　　我在這裡要呼籲憂心的父母，千萬不要不准孩子玩，因為那樣會阻礙孩子的發展。

　　這裡認同讓孩子「玩」的做法，可能讓一些父母有

墜入五里霧中的感覺。因為大家不是都認為，孩子讀書時
該專心一點嗎？怎麼這會兒又要放任孩子讀書時「玩」
了呢？這樣是不是前後有所衝突呢？父母究竟該怎麼做才
對呢？

　　其實，只要明白其中的根本道理，就會了解兩者之
間，一點也沒有衝突。讀書時該專心所強調的，是要讓孩
子在讀書時，避免做一些浪費時間、分心、毫無意義的
事，來干擾讀書的效率。而這裡認同讓孩子「玩」所要
嘉許的，是要讓孩子透過「玩」的方式，從遊戲中學
習，兩者之間強調的重點和方法完全不同，但基本目的卻
是一樣，都是要讓孩子好好的讀書學習。

　　「　那麼，為什麼孩子一定要『玩』才能學習呢？」

　　原因是，孩子對四周大都有著濃厚的好奇心，也就是
孩子的好奇心是天生的。但是，對於孩子而言，單單只有
濃厚的好奇心還不夠，他們的好奇心必須以「玩」的形
態來進行，才會覺得有趣，有趣才會有機會好好學習。

　　這就是為什麼孩子總是愛「玩」的答案了。換個角
度說，「玩」可說是孩子獲得身心營養、獲得學習的泉
源，也是孩子認知世界的途徑之一。透過動作、情境故

事、遊戲等「玩」的方式，不但可以豐富孩子的生活體驗和語言等能力，更能刺激孩子的抽象思維，使孩子的身心都得到發展。一旦他們「玩」出興趣，建立起「學習是有趣的」這樣的觀念，自然不會排斥學習這件事。

相對的，如果孩子的好奇心受到壓抑或禁止，所發出的學習嫩芽，就會很快的萎縮了，對於學習，當然就會興趣缺缺了。

所以，聰明的父母，千萬別把「玩」當作敵人看待，儘管放心的讓孩子「玩」吧！只要善加引導，知道如何用「玩」的理由，吸引孩子過來讀書學習，孩子會從遊戲中，學到源源不斷的知識與豐富的生活體驗。

有些父母非常贊同這種說法，甚至容許孩子的破壞。因為他們相信，孩子那樣做並不是在「蓄意破壞」，而是在「建立」他的發明、創造力。

有一部分父母看到這裡，也許願意對讓孩子「玩」這件事有所讓步了，但仍不免又不知所措的發出一連串的問題，像：

「不知道可以讓孩子『玩』的遊戲有哪些，要如何運用呢？」

「什麼年齡適合給孩子『玩』什麼遊戲？」

一些心中仍存疑慮的父母，更是不放心的要問：

「該做家庭作業、背書的時候，讓他『玩』，真的沒有關係嗎？」

這個問題，牽扯到引導孩子「玩」的重點。如果父母不把孩子的學習重點放在成績上，而是放在孩子實際學習上，孩子不知不覺的從遊戲中學習，一定會有所得，但這並不代表孩子的成績一定會有進步。只是可以肯定的是，大部分遊戲都是經過設計，裡面有許多妙處，就怕孩子不玩，孩子越玩，學得越多。

父母提到背書的問題，這裡就先以背書為導引，提供如下的一系列方法：

1. 創意遊戲可以小兵立大功

記得我求學時代，對於有教唱旋律的詩詞〈如滿江紅、蘇武牧羊等〉，記憶特別深刻，所以，在讀書求學的階段，無論應付考試或讓老師抽背，都能應付有餘。有

些甚至至今唱起，都還能很快的背出歌詞。

因此，孩子要背書時，不妨讓他把課文安插在某一個孩子熟悉的兒歌裡，例如「三輪車」、「茉莉花」、「兩隻老虎」等，如果課文本身有自己的旋律、曲調更好，讓孩子把課文「唱」出來，相信不一會兒，孩子很快就可以朗朗上口了。過程中，對於歌的音律不必要求一定要非常協調，勉強套上去的也可以，甚至可以自創曲調，有狀況的時候，反而是親子哈哈大笑的一大泉源呢！

據我所知，有些人背書時，只是反覆的用固定的一兩個旋律，也能背得不錯。最近媒體報導有些人是邊敲木魚邊背書，把書當「經」來念，結果效果很好，還決定開班授徒，把這個方法廣為傳播呢！你也許會驚嘆「世上真是無奇不有」，但事實就是如此，配合說唱，即使是很單調的旋律，的確能幫助背誦。

我的一位友人的八歲孩子，有一陣子忽然迷起保鮮膜用完後的那個卷筒，整天手不釋「筒」，對於嘴巴對卷筒所發出的聲音，尤其有高昂的興趣。有一天，友人叫她的孩子背詩，孩子還是拿著卷筒不放，一邊漫不經心的背著。友人見了，眉頭一皺，本想喝令孩子把卷筒放下，專

心背詩。可是，當她看到孩子那麼喜歡那「玩具」，而且也乖乖的在念詩了，就強忍住，先去折衣服。

結果兩分鐘後，友人意外的聽到，他的孩子拿著卷筒，把所有會念的詩一一念過三遍，還意猶未盡的要求媽媽考他，讓他有機會用卷筒發「聲」。

如果幾分鐘前，她強制孩子放下卷筒，恐怕孩子不會把所有的詩都念過，更別說念三遍了。讓孩子用自己覺得有趣的方法去讀書，保留他「純真好奇」的那一套，或讓他敲敲打打、唱唱跳跳的「玩」一下又何妨呢？何必一定要他正經八百，像老夫子一樣搖頭晃腦的念書呢？孩子一旦覺得有趣，就會像這樣興致高昂的一口氣背下幾課課文也未可知哩！

2. 採擷不完的遊戲素材

至於孩子的遊戲種類，包羅萬象，有取之不盡的素材，父母根本不用擔心。但仍須注意孩子遊戲種類的運用與適齡的問題。

根據一部分幼教專家的研究，把孩子的遊戲大分爲五大類：

第一類是感覺遊戲類，也就是經由觸摸、聽、看、聞等感覺器官的運用而得到樂趣的遊戲。人體感覺器官開始發展的時期是嬰兒期，所以從嬰兒期到兩歲之間，是最適合感覺遊戲的時期，一些音樂盒等有聲玩具，色彩鮮的吊飾、圖卡、珠珠、貝殼、彩筆，粗糙或平滑的觸感玩具〈如沙、黏土、水〉等，都是這個階段的孩子最需要的玩具。

第二類是運動遊戲類，也就是以身體運動爲主而得到樂趣的遊戲。這種遊戲也是從嬰兒期就開始，然後進入幼兒期，甚至延伸到兒童期、青年期，所不同的，是運動方法會隨著年齡的增加而有所變化。例如，孩子多半先學會坐、爬、站，然後學會推車、拉車、跑步、騎腳踏車、跳繩、踢毽子、拍皮球、打球等，之後必須根據自己的體能發展與興趣，選擇適合的運動、遊戲，搭配適合的玩具〈器具〉來玩。

3. 角色扮演有趣又有意義

第三類是模仿遊戲類，也就是運用想像力達到樂趣的遊戲。包括辦家家酒的鍋碗杯盤、玩偶、填充動物、車子等玩具，都是提供孩子玩扮演故事角色、模擬買賣等遊戲、了解空間距離的素材，他們多半可以玩得不願罷手。

幼教專家指出，孩子 3 到 6 歲的時期，不單是反抗期、收藏家期，更是十足的想像期。這階段的孩子感情逐漸完整，見聞也寬廣多了，但認知還不夠健全，很容易把主體與客體混為一體，也就是把現實所看到的東西，與虛幻的東西連結在一起。西德的兒童文學家邁克·安迪，就是因此而稱讚孩子是「天生的幻想家」。

現實對孩子來說有點遙遠，這時期的孩子必須透過幻想，才能打破時空的限制，去捕捉虛幻故事中的那些理想人物。例如，大多數孩子會把自己夢幻成公主、國王、大英雄、強者等。因此，扮家家酒與角色扮演的遊戲，他們屢玩不厭。

不只幻想，有些孩子甚至很會編故事、講故事。

父母如果了解孩子這方面的特點，不妨讓孩子進行一趟趟自由的幻想之旅，讓孩子盡情的發揮想像力去說、

演、編：

- 孩子在說故事時，隨著故事情節改變說話方式或語調，從其中了解語言的魅力。
- 在演故事時，變換故事裡的角色，可以好好的「經歷與體驗」人生。
- 在編故事時，啟發了孩子的組織、想像與創造等能力，無意間增長了智力。

孩子透過這樣多層次的吸收、學習，不但會玩得津津有味，最後的收穫也相當豐碩。

到了學齡期，也就是上學學習的階段，模仿遊戲對孩子還是挺有效的。現在許多小學低年級的教學，都還採取這類的遊戲方法，進行教學。

父母也可以利用角色扮演，讓孩子加深課業的印象。

例如，鼓勵孩子扮演老師的角色，說：

「啊呀！這問題我學過，可是怎麼忘了！小平呀，你可不可以教教我？」

「小英呀！你可不可以當妹妹的老師，她才剛要開始學加法？」

當孩子自己也不會或講不通的時候，父母千萬別露出

馬腳，急於講解、教會他。因為這樣一來，孩子對於父母的信賴會打折扣，以後就不願意再教了。這時，父母可以表示著急的說：

「小老師，可不可以請你到學校去幫我問問你的老師，回來再教我。」

孩子一定很熱中於求教，準備回來好好的教導家裡那個不懂的「學生」。

也可以讓孩子扮演其他角色，例如賣東西的老闆，讓孩子練習算錢、找零，看看當天是否賺了錢。

在孩子扮演與執行的過程中，會「加深印象」、「學習如何表達」、「發現自己的不足，而主動的想彌補」，甚至為了把角色扮演好，而去尋找未知的答案，因此而學得更多。

4. DIY 遊戲省錢又省力

第四類是組合遊戲類，也就是透過組合力與思考力，由裝配、組合的過程得到樂趣的遊戲。這類的遊戲包括積

木、拼圖、拼字、捏土、畫圖等，一般人從 2 歲到 4 歲，都喜歡這類的遊戲，所以模型玩具、組合玩具、積木、拼圖等，都是這階段的最佳玩具。

為孩子選擇適當的遊戲、玩適齡的玩具，是引導孩子遊戲時的課題之一。這些遊戲並不需要再花大筆金錢去購買，生活周遭有很多現成的素材可以廢物利用，只要發揮創意，就算自己 DIY 製作的小道具，也能發揮很大的功用。像空盒子、空罐、捲軸、破布、海報、紙卡等素材，就可以讓孩子剪剪貼貼、拼拼湊湊，忙得不亦樂乎。

例如，孩子正在學習初步的數學，寫家庭作業時，不妨讓孩子玩「釣數目魚」的遊戲（或用不同顏色的豆子或珠珠取代）。遊戲非常簡單，只要製作各種簡易的魚造型卡，魚卡上面寫著 1 ～ 5 或是 1 ～ 10 的圓點或數字。告訴孩子：

「我們現在來釣『5』以內的數目魚。」

「我們現在要釣的是加起來是『5』(或『10』)的魚。」

讓孩子練習5或10的各種組合。也可以對孩子說：

「哎呀，魚媽媽孵了 6 個魚卵，又孵了 3 個，魚媽媽一共孵了有幾個卵？來！把正確的數目魚釣起來。」

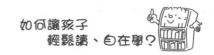

讓孩子練習加減法。

像這樣歡樂的玩幾場遊戲下來，孩子就算沒有學會加減，也有了概念，而且玩得非常起勁兒呢！

我是教我的孩子玩撲克牌中的「檢紅點」遊戲。結果不到 1 個月，我的 6 歲孩子，已經不知不覺，學會了10 以內的各種數字組合，而且能快速的以 10 為單位來累計分數。

但這中間出現了一個小插曲，那就是我的孩子很在乎輸贏，每次贏局時就笑臉如花，輸局時就哭得淅瀝嘩啦。

我多次的解說，讓他了解贏局不全然是靠技巧，牌運和每次出牌的機率都有連帶關係。而且也乘機告訴他，玩遊戲最重要的不是贏牌，而是在玩的過程中所得到的樂趣與增進的技巧，並乘機告訴他要學習接納輸牌時候的自己，並學會用寬容的心，祝賀贏牌的人。他才似懂非懂的點點頭，幾十次以後，他才比較能釋懷輸贏的問題。

此外，像猜謎、迷宮、尋寶或尋找錯誤、拼圖、手指遊戲等，有的不只是小孩，甚至連大人都非常喜歡玩，這些都是父母可以採擷應用的良好素材。

至於遊戲玩法，完全看玩的人怎樣發揮、運用，並沒

有僵化的限制。剛開始玩時，可以讓孩子遵照遊戲方法與規則，到後來，可以讓孩子自創游遊戲規則與玩法。

5. 電視、電玩需控制質與量

第五類是容納遊戲類，是透過視覺、聽覺而接受其內容的一些遊戲，例如看電視、電影，聽音樂、廣播，操控電玩等，是程度較高的遊戲，立體畫面、聲光影音的刺激都很充足，但孩子必須達到一定的成熟度，也就是一定的年齡才會喜歡，通常是小學中、高年級以上。

值得一提的是，電視是現在許多父母感到頭痛的一部機器，孩子經常一看就離不開電視，無論是卡通影片或連續劇等，有些父母恨得牙癢癢的，咬牙切齒的稱電視簡直就是「插上電的毒品」，有些父母索性剪斷電纜線，不肯讓孩子看電視，以求一勞永逸。

我就是選擇後者。重要的新聞訊息就透過收音機接收，但仍會選擇一些自認為或朋友推薦是不錯的影片〈VCD〉，讓孩子仍有機會受到影音動畫的刺激，只是

有限量的給予罷了。實行之後，發現晚上的時間多出許多，我就利用這些時間陪孩子玩棋、撲克牌、講故事，或劃撥給自己一點休閒的時間。日子久了，孩子也就習以為常，不曾因為不看電視而叫苦，或因為不讓他看某節目而引起無謂的爭執，孩子也可以提早就寢，早上睡夠了，比較沒有爬不起來的問題。

當然，我並不鼓勵大家和我一樣。我的部分朋友也曾這樣做過，後來因為某些因素而放棄，重新又看起電視來，但他們在節目內容與時間上，都會有所節制。只要能夠適當節制，看或不看電視完全視各個家庭的需求狀況而定，有些家庭的資訊主要來自電視，沒電視就感覺不對勁；有些家庭可以由其他管道得到資訊，有沒有電視影響不大，兩者並沒有好壞之分、對錯之別。

近年電腦的遊戲、網路的資訊氾濫與無限上網的方便性，讓孩子可以滿足隨意的看影片、聽音樂、下載各種資料，無疑成為一股新的衝擊力，孩子花費在電腦前的時間，比看電視有過之而無不及。有些年紀輕輕的孩子，甚至因為連日迷戀電玩，不願休息，結果有的導致雙眼失明、有的變成植物人或終身癱瘓等。關於這點父母不可不

防，對這些新世紀遊戲的質與量，都應有所節制，才能讓孩子在安全無虞的學習環境下，提昇學習效果。

誠然過度的看電視、玩電玩有其不良的一面，但基本上，除此之外的一般遊戲，對孩子的意義都算相當深遠，孩子從中可獲得遵守規律、與人合作、協調、裁判等能力，甚至可在孩子自創規則或遊戲方法的過程中，創意力得到無限的發揮。

不過，遊戲時需要注意遊戲的安全，平常就要給予孩子安全教育，告知玩火、玩剪刀、吞食硬物等的危險性，告知色情、暴力網站的不當性，並做好各種安全防範措施，以免發生意外時措手不及。

但是，並非所有的孩子，都適合邊玩邊學的方式。遇到一些不愛玩玩具或不愛玩遊戲的孩子，父母也不必憂心，可以把玩具或遊戲全都丟開，親子實實在在的一起進行學習。

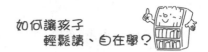

第三章　輕鬆的進行

傷害孩子、說了不如不說的話：
「你要是……，就可以表現得更好了。」
「你知道我為你犧牲了多少嗎？」
「你可不可以表現得正常一點兒！」
「你從來不……。」
「你為什麼不用功一點兒？」

　　孩子在讀書學習的階段，並不是每一個孩子都可以學習得很順利，有些孩子剛開始的學習狀況良好，忽然間對讀書產生倦怠或厭惡，讓父母一下子不知所措，認為孩子「變壞」了。

　　在孩子「變壞」的節骨眼上，身為父母的人不免要擔心，如果不在剛開始的階段使力，恐怕日後會挽回不了孩子「變壞」的頹勢。但卻不知道，萬一使力不當，反而會因此弄巧成拙，斷送了「親子之情」。

有些父母不以爲然的說：

「真的有這麼嚴重嗎？」

這並不是危言聳聽，的確有這樣的實例發生，而且不是少數。所以，父母在處理時，一定要小心，並且要用心找出孩子產生變化的癥結所在。

如果發現並沒有什麼重大原因，只是孩子抓不到讀書的要領；或剛好遇到一點理解上的小障礙，無法突破；甚至可能只是生病、感冒，體力不繼；或是粗心大意、心不在焉等原因造成的。這些都不是能力、智力的問題了，通常只要找出原因，經過一些引導之後，就可以恢復。

但是，如果孩子是長時間的排斥讀書學習，父母當然都會相當憂心。有時間與能力的父母，很可能爲了「拯救」孩子，不惜不辭辛勞的投入自己的心力。當孩子發出「我不會」、「我不懂」的訊息時，父母就會使盡渾身解數，努力的講解，想盡辦法要讓孩子弄會、弄懂，過程中卻不知不覺的說出許多傷害孩子信心的話來。甚至在孩子稍有進步的時候，就急著要讓他們進階學習，希望他們能快速趕上進度，結果很多孩子就在這樣的過程中，不斷的受挫，直到完全失去學習的興趣，親子關係也因之

而日益緊繃，惡性循環的結果，孩子就更加不想讀書了。

這點後果讓耗盡心力的父母百思不解，不明白自己這樣的費心，爲什麼會導致這樣的結果，尤其親子關係的緊繃，更讓父母詫異，不知道自己做錯了什麼。

其實，這時候，只要一點觀念的轉換與做法的改變，就可以輕易的讓親子雙方的關係改善，輕鬆的讓孩子進行讀書學習，而不必劍拔弩張的怒目以對。

以下就提出幾個觀念與做法：

1. 萬事起頭並不難──
為孩子找回失去的信心

解決上述問題的方式之一，就是爲孩子先找回失去的信心。很多孩子上學後，還搞不清楚讀書學習是怎麼一回事，就被這件事「難」住了。一開始被困的結果，信心很快就會消失。

雖然說「萬事起頭難」，但如果改變一下觀念，讓讀書這事一開始就不難，而且非常順利，情況會不會好轉

呢？往後的讀書學習會不會比較暢行無阻呢？

答案出乎意料的是肯定的。

日本有位老師，做了這樣的實驗：他每天總是針對每個學生寫錯的題目，重複的讓那孩子測驗，直到孩子得滿分時，才讓孩子回家。他的目的，就是要讓孩子感受到「我會了」的喜悅，然後再帶著愉快的笑容回家。

他認為，孩子「成功的經驗」，是自信的來源。讓孩子轉換情境，在學習過程中，不斷品嘗成功經驗，覺得自己很行，有能力做到，孩子的學習動機就加強了，想學習的慾望也會隨之增高。

我有位朋友聽到這樣的例子，就心急的問：

「那我們該怎麼做呢？」

如果孩子已經失去信心，可以讓孩子嘗試做一些簡易的事，先把一部分信心找回來。例如，讓他們學掃地、折衣服、疊被、炒飯，或讓孩子試試一整天不說話、3 天不看卡通，5 天不看漫畫書等等，當他能熬過後，就對他大大的讚揚，說：

「你看吧！只要你努力做，就一定會成功。」

讓孩子明白「努力就會有所得」。另外，正向的標

榜、鼓勵，也可以達到相當不錯的效果。

　　美國教育心理學家曾經作了一項研究，當時他們向外宣稱，要透過一項測驗，選出5、6位具有「天才資格」的資優生。測驗後，許多學生和陪同的家長，心情忐忑的等待著。

　　教育心理學家則收了測驗卷，進入批改室，但是他們沒有批改考卷，而是坐在桌前閒聊、喝咖啡，大約兩個小時以後，他們走到成堆的測驗卷裡，隨便的從裡頭抽出5、6張測驗卷，然後走出來對焦急等待的大家宣佈名單。幾個被宣佈為具有「天才資格」的學生與他們的父母，莫名其妙的帶著意外的心情回家。

　　根據後來的追蹤調查，這些學生後來的表現都非常不錯。因為父母、朋友一致的認同與看待，使他們漸漸的認為自己真的是「天才」，而展現出天才應有的風範——好的表現。而那些真正的「天才」，則表現平平。

　　另外，從一些研究調查中也發現，老師對一些被認定為是聰明的學生，不論在教導或答題方面，都會給予正面的鼓勵與支持，就算老師不說話，也會藉著挑挑眉毛、噘噘嘴或變換姿勢等肢體鼓舞式的小動作，引導學生勇敢

的、正確的作答。相反的，對於認定爲不聰明的學生，老師所表現的態度就沒那麼生動、積極，有的老師的態度、話語，甚至還會讓學生感到壓迫、退縮。

可見，正向標榜、鼓勵的態度，的確能對孩子產生正面激勵，使孩子朝著正面的目標前進。因此，父母平常可以用欣羨的眼光看著孩子，然後對孩子說：

「算命先生說，你將來是個大人物〈或孩子崇拜的人物〉喲！」

「你好聰明，一定會成為個博士〈或偉人等〉。」

「這方面，你真的很有天分耶！」

「你一定沒問題的啦！」

當孩子從話中拾回了信心之後，對他的讀書學習，自然會有好的影響，也許正因此而促使他跨出「喜歡讀書」的第一步也說不定。

2. 由簡單的問題起步——激發孩子的興趣

你也許不相信，「不會」是使孩子失去讀書意願的

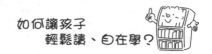

罪魁禍首之一。但真的有很多孩子，並不是不想讀書，而
是因為不懂、念不好，才不想讀的。

　　所以，讓孩子由淺入深，也就是從孩子會的、認為簡
單的問題起步，可以收到不錯的效果。孩子在一開始就享
受到「成功」的果實，往往就會有股繼續做下去的衝
動，面對接下來較頭痛的科目與問題時，就比較不會那麼
排斥了。

　　美國曾經由兩所小學進行一項調查，其中一所學校的
學生都很優秀，大部分畢業後，都順利的進入中學就讀；
而另一所學校的學生則問題重重，大多數的畢業生，都進
過少年感化院。經過調查才知道，這些孩子大都認為自己
「老是被罵，以後還是會被罵，進感化院是很正常
的」。孩子這種「反正就是那樣」的自暴自棄心理，
對孩子讀書學習的影響非常的重大。

　　所以，想要讓孩子回歸「喜歡讀書」的正規做法之
一，就是要盡量使孩子體會「會」的成功滋味，孩子一
旦「會」了以後，自然就會變得喜歡讀書了。

　　例如，孩子不會減法，只會加法，那麼，就讓他由加
法題目開始；不會兩位數加法，就由他會的一位數加法起

步。孩子在做「會」的題目的過程中，不知不覺、不斷的體驗到「會」的滋味，及正確答題的成就感，很快的就可以在一面溫故，一面品嘗「成功經驗」的過程中，逐漸恢復自信。然後再讓他慢慢做些進階的題目，一步一步，踏穩了再向前。父母與師長很快就發現，孩子「在動了」、「前進了」，並且爲此雀躍不已。

但是，這裡有一點需要強調的，是「懂」和「會」之間，還有一段距離。有些孩子雖然「懂」了，卻未必「會」。

以數學爲例，孩子雖然「懂」十進位的意思，但因爲對算式不熟練，所以「不會」計算十進位的題目。這是很正常的，父母不必太過著急，這時，只要讓孩子反覆的多練習同形式的算式，熟悉算法之後，很快就「會」計算了。

「會」了以後，父母還是要保持耐心，不要操之過急，迫不及待的要讓孩子進階學習，或是增加問題的「量」、要求更「快速」的答題。這樣的要求原本是無可厚非，但一定要在「確認孩子的程度已經可以趕上」的基礎下，慢慢進行，以免「欲速則不達」，孩

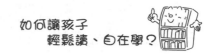

子又回到「抗拒、不想學」的原點。

　　其實，如果進階的進度掌握得好，有時候，不用父母要求，孩子自己就會主動要求進階做更難的習題，接受更高的挑戰，父母根本不用擔心。

3. 由喜歡的項目切入──傳播好的能量

　　孩子到了小學中年級以上，課業慢慢的加重，父母的壓力也跟著加重。孩子有自己的做法或興趣，譬如有人特別偏好國語，有的愛數學，有的喜歡的是課業以外的科目，例如集郵、畫圖、收集石頭等。這時候，父母千萬不要表現出畏縮或驚惶的樣子，宜採取認同的態度，與孩子坦誠的溝通，給予孩子全面的支持，並且要相信孩子的潛能，信任孩子、體諒孩子、鼓勵孩子朝著自己的目標前進，孩子才能夠快樂無憂的學習成長。

　　如果擔心愛集郵的孩子作文寫得不夠理想，父母何妨讓孩子寫一篇「郵票的故事」，引導孩子的作文起步；如果擔心喜歡收集石頭的孩子數學不好，何不讓他替石頭

分類、分色、計量等著手，再讓他進一步計算石頭重量、體積、斜度等。相信過程中，父母不需要刻意去強調「這樣可以改善你的作文」、「這樣可以學好數學」，孩子就可以在不知不覺中，學得津津有味，而且一點也不厭倦。

曾經有一位友人憂慮的說：

「我的孩子從小就喜歡車子，成天就只愛看和車子有關的書，真擔心他以後的課業受到影響……。」

那位朋友後來接受專家的建議，採取「不干涉」的作風，結果她的孩子，後來被同學稱呼為「車老大」，有關車子的問題，都跑來問他，他的課業成績也一直都很理想。

孩子在校的成績好壞，不盡然是和孩子感興趣的事有直接關係。孩子對某一目標或科目有興趣，甚至想進一步得到更徹底的研究，充實那方面的知識，反而可以讓孩子培養出信心。一旦有了信心，學習課業對他來說，便不覺得困難。

這個理論在心理學上，稱為「汎化」心理論，運用在孩子的課業方面，也有相同的效果。也就是說，成功體

驗有時會具有「傳染」的力量。如果孩子在某一學科拿到高分，這種成功的經驗只要一經「轉換」，就立刻可以集中精神，「感染」其他科目，使其他科目也會有好的表現。

只是這個過程可能要花一段較長的時間，父母必須耐心的等待。

有些父母願意放手一博，讓孩子拋開其他科目，先集中全力在一門孩子有興趣的學科上，這也是達到鼓舞孩子喜歡讀書的一種不錯的方式。孩子會在過程中，了解每一學科，只要有耕耘，就會有收穫，進而產生想努力讀好書的慾望，開始讀書。

同樣的，讓孩子先著手寫自己喜歡且擅長科目的作業，有了好的開始，對於其他科目作業的困擾，也比較不受影響了。

不妨把孩子當大人看待，給予他信任、支持的態度，由孩子喜歡的項目切入，尊重孩子所選的目標或學習項目，孩子原有的濃厚興趣，就會傳播開來，促使他主動學習其他科目。

4. 適時給予讚美──永不消弭的支撐力量

　　孩子上學之後，父母有時為了省時間、避免麻煩，甚至替孩子做家庭作業、寫報告。久而久之，孩子就養成依賴父母「幫忙」的個性，而不主動解決自己的問題，最後自然就越加拖拖拉拉起來。

　　低年級的孩子行動能力差，例如書包收拾得特別慢、衣服穿得慢、走路走得慢等，經常會被同學嘲笑，這樣一來，孩子可能一開始就因此漸漸失去信心，不想去上學，動作就更加「慢半拍」了。

　　為了讓孩子「動」起來好好學習，需要耐心與用心。一方面，要加強對孩子腦幹的刺激（有人認為動作慢是腦幹還沒發育成熟的緣故），使孩子的腦幹加速成熟，多練習、多運動，讓孩子的動作、反應變快，被嘲笑的情況就會相對的減少，孩子也就不再那麼排斥上學。

　　另一方面，不斷的鼓勵與讚美是不能缺少的靈丹妙藥，而且最好是雙親的讚美能夠一致，以免讚美的效能減分。

　　據專家統計，說了 18 次讚美的話，才能彌補 1 次批

評，可見正面的獎勵絕對比負面的責罰好得多。當孩子成績表現不好時，需要持續的讚美。父母必須細心的觀察孩子的進步情形，如孩子本來一題都不想做，現在卻敢做很多題了，這時候，即使還是沒做對，父母仍然要適度的稱讚孩子，哪怕只是一個關愛的注視，都會讓孩子體會到父母的關心，藉此產生想要表現更好的動機。慢慢的，孩子就會有所改善。

如果孩子的成績一直沒有進展時，父母可以找老師幫忙，和老師一起找出一套幫助孩子學習的辦法，如請同學或愛心媽媽、實習老師指導，以免孩子陷在泥沼中，無法自拔，讓親子雙方都感到痛苦。而父母在這時候對孩子需要更有耐心，仍要想辦法找出可以稱讚的部分，如對孩子說：

「雖然考得不怎麼好，但比起前幾次，算是進步多了。」

如果是敏感孩子，通常表現不好時，情緒也會變差，這時候更應該為他們加油，否則長期處在低潮、沒有信心的情緒中，容易出現悲觀心理，對讀書學習會有很負面的影響。父母不妨站在加油打氣的立場，不斷給予鼓勵、支

79

持，例如說：

「爸〈或媽〉也常有怎麼讀都讀不好的時候，但我不死心，不斷的繼續加油，最後終於變好了耶！」

「你就把這次當作下次成功的試驗期吧！你知道嗎？發明大王愛迪生，每發明一件東西，都是經過無數次的失敗，才得到最後一次成功的喲！」

這些鼓勵與讚美需要適時、適齡的表達，而且即使在客人面前，也不要吝惜給予，更不能因為謙虛的緣故，而使所說出來的讚美有所減損。如果平日能多說讚美的話，取代傷害孩子自尊心的話，相信孩子因此而造成排斥讀書的情況，一定會消失。

著名的大陸教育家周弘，他的女兒因為小時候生病而失聰，在她完全聽不到的情況下要讀書學習，周弘用的就是讚美的方式，成功的解救了女兒的一生。之後，周弘還因此設立了特殊學校，師生都用讚美的方式共處、學習，得到很大的成效，他在所著的幾本書中，提供了很多與讚美相關的觀念與做法，觸動了很多父母的心。

由此可見，給予孩子泉源不斷的鼓勵，讓孩子在挫折失意中有所扶持，才能生出信心繼續努力。

但是，對孩子的讚美也有些禁忌，如果父母運用不恰當的讚美，往往會破壞了親子間好不容易建立起的良好關係。所以，千萬不要誤闖下列這些讚美的雷區：

(1) 避免假意與模糊的讚美

讚美孩子的話必須出自真心，如果太過虛情假意，或是為了達到父母的某些目的而做的，不久孩子一定會識破，那時將會破壞親子之間那分真摯的誠信度，使孩子不再相信父母。

讚美的焦點也必須清楚，不要只模糊籠統的誇獎孩子說「你很棒！」，必須很具體明確的指出「棒」的行為所在，例如告訴孩子：

「因為你幫了媽媽的忙，媽媽覺得你很棒！」，

「你很努力用功，表現得很好！」，

「你讓座給老人，真有愛心！」，

「你畫的好有創意、好有想像力喲！」

像這樣清楚的描述與讚美，孩子才能知道，自己因為做了什麼事而得到讚美，此後為了得到這樣的讚美，會對那件事做得更加起勁兒。

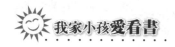

（2）避免物質引誘的讚美

　　盡量避免用獎品、金錢，來做爲得到好成績的獎勵。這樣會把孩子的胃口越養越大，萬一孩子的胃口大到父母無法負擔時，父母要怎麼辦呢？而且有部分人士認爲，這種方式有點「錦上添花」的味道：在孩子表現好、高興得意的時候，父母送他獎品、金錢；而在他表現差、失意挫折的時候，也是最需要支持的時候，父母卻不給獎品、金錢，也沒有鼓勵、安慰的言語，這樣對孩子來說，似乎有點殘忍，也收不到想要警惕孩子的效果。

　　也要避免用帶他去玩、吃東西等作爲交換條件，來當作好成績的獎勵。因爲這樣爲孩子所培養出來的，並不是想讀好書、好好學習的意願，而是想去玩和吃東西。

　　所以，給予讚美和獎勵，直接給予就可以了，不需要繞個彎，也不需拿來當作得到好成績的引誘條件。

（3）避免與人比較的讚美

　　與人比較是一種殺傷力很大的做法，平日不適合用，讚美的時候更不適合用。如果一定要用，可以讓孩子和自己比，例如說：

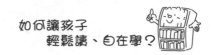

「小平！你現在寫的字，比以前漂亮多了！」

「阿琴！這個娃娃畫得比剛才還好耶！」

孩子如果總是用自己的標準，來激發自己前進，就會減少許多挫折、嫉妒、怨恨等情緒對他們的折磨，將他們導向一個光明的學習路程上。

(4) 避免附加說明的讚美

給予孩子最「單純、直接」的讚美，也就是不要在讚美之後，又附加一大推說明，因為這些說明對孩子來說，無異是一堆批評，即使說得很小心，也多多少少會減低原來讚美的力量。

例如，當孩子完成一項自覺很滿意的作品，興致勃勃的拿來向你炫耀時，如果這時你說：

「哇！好漂亮的車喲！」

後面卻又接著說：

「不過，如果你能夠……。」

這樣的附加說明，雖然真的可以改善孩子的作品，但孩子改了之後，已經不是他的原創了。而且經過父母的長篇大論之後，孩子所體認到的，是自己的做得不夠好，下

次再做的動機就減弱了。

與其這樣，不如給他簡潔有力的讚美，即使沒什麼好誇讚的，也可以讚賞他的努力與辛勞。孩子接收到這樣的訊息後，就會不斷想在那方面有好表現，生出一股想「繼續做或學」的力量來。

(5) 避免有操縱目的的讚美

如果讚美是為了有求於孩子，具有操縱目的，那麼讚美就會失去它的正面意義了。真正的讚美要出自真心，不是為了達到某些目的或條件，否則，孩子一定會看出你的讚美缺乏誠意，警覺自己落到父母所設的「陷阱」裡，而感到懊惱，這樣一來，自然達不到讚美的效果。

所以，類似下列這樣的讚美方式，請不要說：

「妳的作業寫完了，太好了！可以幫我洗碗了吧？」

「你的書看完了，真是太厲害了！幫我泡杯奶茶好嗎？」

(6) 避免與成功本身有關的讚美

一旦孩子有了成功的表現，記得所要給予讚美的，是成功的過程中所付出的努力、所使用的技巧、所提供的意

見等方面，而不是成功的本身。例如，孩子的創作得到第
一名，父母可以誇讚孩子說：

「你的創意好特別耶！」

「妳的作品既新奇又實用，真不是蓋的！」

「妳的作品內容實在太棒了！」。

但是千萬別說：

「你得到冠軍，真了不起！」

因為這樣一來，孩子會誤認為父母高興的、喜愛的是
「冠軍」，而不是他們的表現。

5. 找一個讀書夥伴或競爭對象—— 形成良性競爭

孩子的讀書有好的表現，有些是基於孩子主動的想讀
書學習，有些則是因為有競爭的夥伴。

所以，如果促使孩子主動讀書的動機不夠，不妨為孩
子找一、兩個讀書夥伴〈例如同班同學或住家附近年齡
相仿的鄰居〉，作為孩子模仿學習的對象。方便時，可

以請他們過來家裡一起讀書、寫家庭作業，當讀書夥伴來時，孩子當然就不得不要跟著讀書，比較沒有藉口可以推託了。

一般來說，孩子看到讀書夥伴在讀書、寫家庭作業，也會模仿他們一樣讀、寫起來，不知不覺的就把該讀的書讀完、該寫的作業寫畢，久而久之，自然產生「讀書是分內的事」的想法，而養成主動讀書、寫家庭作業的習慣。

如果這樣做，孩子讀書學習的情況還是不甚理想，不妨和自己的孩子一起設定一個競爭對象，以該對象的學習行為或讀書表現，作為競爭學習的目標，促使自己的孩子進步。

但是，競爭的過程中，一定要避免惡性競爭。惡性競爭不僅會帶來負面的影響，經由惡性競爭所引起的沮喪、忌妒、怨恨、虛假等負面情緒，甚至可以將人的善良本性泯滅、創造力扼殺。因此，必須引導孩子彼此之間進行良性競爭，把焦點放在學習上，才會產生良性循環，而有所進步和改善。

有些教育團體為了避免惡性競爭帶來的負面影響，改

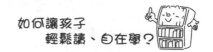

採「合作性的學習」〈如與同學共同完成分組實驗〉、「合作競爭性的學習」〈分組辯論競賽〉，這些不同的學習形態，無論採取哪種方式，都有助於孩子的學習。

　　如果實在找不到合適的競爭夥伴，和父母或手足之間的互動競爭，也無不可呀？例如，父母可以對孩子說：

　　「好吧！小豪，我們現在來比賽，看是媽媽的牛肉燴飯先炒好，還是你的數學習題先寫完，誰就是『快動作冠軍』。」

　　「婷婷，爸爸和妳比賽，看是我的馬桶先修好，還是妳的作業先做完，就封誰為『快速王』。」

　　也可以讓孩子與自己競爭，例如製作一張「登錄表」，在孩子完成一定量的習題或表現時，就在「登錄表」上登錄一個記號，當孩子達到某個程度或數量時，給予一定的鼓勵或讚賞。

　　一般來說，孩子都非常喜歡這些競爭方式，覺得有趣又有成就感。過程中大多會使讀書的情況有所改善，不再討厭讀書，學習表現也會逐漸好轉。

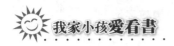

6. 喜歡並尊重學校老師——了解受教育的目的

有些孩子想得不夠深入，不知道讀書是自己受益，只要看到某一科目老師的某些習性、作為不順眼，或曾經與某一科的老師起過衝突，就生出老師比較喜歡找他麻煩等心結，以致開始討厭老師，甚至用不去好好讀那一科目，故意取得壞成績，想藉此來報復老師。

父母應該引導孩子看清讀書、受教育的真正目的與價值所在。否則，孩子只會把老師的一切，解讀為老師對自己的挑釁或故意的責罰，而影響到自己學習。也應該讓孩子了解，不讀好那門課的結果，不但報復不了老師，反而使自己那一科目得不到好的學習，吃虧的其實是自己，這是最得不償失的事。

同時要解釋明白，不同的老師會有不同的教法，也會帶來不同的觀念。例如有些老師教課口若懸河、滔滔不絕，有些老師教課沒有重點、漫無邊際，有些老師重啓發，有些老師重創意，有些老師愛叨念……。身為學生的自己，應該要有自己一套的適應方法，更應尊重老師的知識與權威，不應以老師表現的好壞，來當作自己要不要學

習的指標。

但是對於低年級的孩子，似乎很難立刻了解這些，爲了讓他們紓解壓力，有位媽媽乾脆和孩子一起爲老師起綽號，然後問孩子：

「怎麼，今天你們那位烏鴉老師又罵人啦！」

這樣如果孩子也是挨罵的一份子，多少可以減輕他的壓力。但父母要做的，主要是接受孩子的情緒、紓解孩子的情緒，而不是變本加厲的和孩子一起罵老師，使孩子更加厭惡老師。

7. 有效率的讀書──主動與專心

這裡我要強調另外一點，也是經常被忽略的，那就是「讀書效率」。很多父母都承認，的確沒有注意到這方面，而採取過度放任的態度。例如，有位教育家詢問一位母親，她的孩子每天大概花多久的時間寫家庭作業，那位母親回答說：

「多久啊？我也不知道呀？我只看他乖乖的坐在那兒

寫，也沒理他，反正他總有寫完的時候吧！」

還有一些孩子磨磨蹭蹭了一兩個鐘頭，只做了一、兩道題目，父母一點也沒有察覺，也不覺得有什麼不妥。

有些孩子根本很難安坐在位置上好好的讀上 15 分鐘書，一位母親為此用了一個方式，來達到她的目的。例子是她希望孩子念 10 分鐘的書，卻對孩子說：

「你去讀一個鐘頭的書。」

孩子生著氣，一面抱怨、一面讀書，一個鐘頭後，母親所要求的讀書時間，孩子已經達成了。但這種方式效率不佳，而且在課業逐漸繁重後，時間也不再那麼充裕的時候，就無法再運用這種方法了。

相反的，有一些父母是採取十分嚴苛與強迫的態度，認為孩子最重要的，就是讀書學習，因此要求孩子每天長時間的讀書。這種做法是很不適當的，因為，讀書學習的效率與讀書的時間並不成正比，也沒有證明顯示，讀書時間越長，就越有好的學習效率。很多孩子整天被父母「強押」著長時間讀書，成績反而不一定轉好，就是這個原因。

由於父母缺乏「效率」的觀念，孩子的讀書學習，

得不到正確的指導，自然無法得到高效率的學習。這種問題越到高年級，面臨的學習困難就會越多。

那麼，父母要如何幫助孩子提高讀書效率呢？

（1）設定讀書的目標

俄國文學家托爾斯泰曾說：

「理想和目標就如同路邊的一盞明燈，沒有了理想和目標，就沒有了方向，沒有了方向，就沒有了生活。」

所以，生活中，無論做任何事，設定理想和目標是不可或缺的。讀書學習也是一樣，需要讓孩子先設定好自己的讀書目標。譬如，一個月要念完一本課外讀物、在月考前要複習完國語生字、在兩個禮拜內要寫完報告等。

但這裡要強調一點，設定的目標要適當，不能太低或太高，把目標社設得太高，孩子不但無法達成，還會產生壓力，當然容易放棄讀書，感到興趣缺缺了。如果訂得太低，孩子容易覺得無趣。最好是稍高於孩子程度的目標，這樣可以讓孩子容易達成，得到成功經驗的喜悅，孩子的信心就會增加。只要信心一滋長，讀書的興趣就會跟著來了。當孩子開始喜歡讀書，讀書的效率自然就會提高了，

這時再稍微提高一下目標，讓孩子有持續前進的目標。

(2) 激發主動讀書的精神

我們發現，孩子願意主動讀書的大部分動力來源，是對讀書學習有興趣。有興趣，就不會逃避，就會積極主動，不需要催促。相反的，不喜歡讀書的孩子，就算父母千方百計逼迫他們讀書，他們也會想盡辦法拖延或躲避。

一些很少被父母催促、監督，主動學習的孩子，讀書效率大都比被逼迫讀書的孩子好。這說明了孩子喜歡讀書、成績好的關鍵，不在於讀書學習時間的長短，而是在於讀書學習是否出於主動。

所以，我們必須要激發孩子主動讀書學習的精神，根本辦法，就是激發孩子的讀書興趣。（參見本篇的第一章）

有醫學研究顯示，主動做事的人，比較不容易感覺疲勞。主動讀書學習的孩子，常常可以長時間看書、做家庭作業、尋求問題的答案而沒有怨言。因為他們是主動鑽研的關係，所以個個都顯得精神愉快。而那些被迫讀書的人，只要一提到要加長時間讀書，就會反彈、抱怨或採取

「拖拖拉拉」的戰術應付父母，自然很難得到好的讀書
效率。

(3) 規畫讀書與休閒的時間

有些父母又擔心的問專家：

「可是，孩子已經不想讀書，如果又不逼他多點花時
間讀書，他豈不是會更糟糕？」

專家反問父母：

「那麼逼孩子長時間讀書學習，真的收到效果了嗎？」

大部分父母都搖頭，承認所得的效果都是短暫的。

那麼，父母到底該怎麼做呢？

想要讀書有效率，需要有具體、詳細、可行的計畫配
合才行。好的計畫可以幫助孩子預測到可能遇到的干擾、
困難，想到如何克服的方法，並做出最實際有效又具彈性
的時間安排。

說老實話，孩子每天已經花費很長的時間上課了，如
果回家又要求孩子長時間讀書，恐怕適得其反，容易使孩
子對讀書起反感。

所以，讓孩子除了讀書之外，還可以進行其他足夠、

適合孩子身心發展需求的其他休閒活動，是絕對有必要的。但所訂的作息，一定要把握「有休閒、有讀書，該休閒時就休閒，該讀書時就讀書」的原則。

休閒具有滿足孩子生理、心理與社會性的需求，可促進身體發育，從中學習社交、禮貌與溝通技巧，發揮高度創意、想像等能力，與抒發負面情緒等功能，比較能使孩子達到身心的平衡。而且來自不同讀書學習內容的活動，使孩子心情有了轉換的餘地，自然就不會對讀書產生厭煩了。

所以，如果父母可以和孩子一起訂定適當的讀書與休閒的時間，讓孩子依指定的時間自行讀書、寫家庭作業，其餘的時間，則用來進行其他的休閒活動。孩子能由休閒活動中，了解到生活中不單只有讀書是一種學習，各種不同的休閒也是各種學習，都是豐富體驗學習的泉源。有了豐富生活經驗的孩子，通常也比較能體悟書中的一切情境與道理，使生活與讀書契合，進而更加喜歡讀書。

但在讀書與休閒交互運作時，父母又遇到一個令人他們困擾的問題，那就是：

「孩子在進行其他活動時，常常不容易很快的收心，

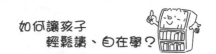

乖乖去讀書、寫家庭作業，總是要三催四請的，讓我很頭痛……。」

　　該如何改善這個問題呢？

　　父母不妨在孩子預定讀書、寫家庭作業時間到臨前 5 分鐘，提醒孩子停止其他活動，準備收心，開始讀書。方法是：

- 可依前所述，放一段開場讀書的音樂，讓孩子有「該讀書了」的心理準備。

- 或讓他在 5 分鐘內，收好玩具，然後拿出書本，大聲朗讀，使孩子集中精神。

- 也可在孩子讀書的時段內，關掉電視、收音機、VCD 等，全家人配合一起閱讀、一起成長。這樣一來，孩子不但比較不受干擾，而且受全家氣氛的影響，很快的就能讓自己收心，專心讀書了。

　　剛開始的時候，可以這樣做，往後再讓他慢慢的學習自己管理自己。由於這個行為，牽扯到孩子有無責任心的問題，必須經過一段時間的培養、訓練，才能達到期望的目標。

(4) 養成專心讀書的習慣

專心是孩子讀書學習必要的訓練之一，如果能培養出專心的習慣，對孩子的將來有莫大的影響。讀書環境再好，如果孩子的讀書習慣不好，尤其是不專心，那麼安排再好的讀書環境，再如何的延長讀書時間，最後也只是徒然白費心力罷了。

一個能夠專心讀書的孩子，通常表現得很有自信，有相當的忍耐力，目標很清楚，做事有規畫、有統整性，而且有勇氣，會嘗試去做挑戰性的事。

不能專心的人，比較不能集中意志力讀書或做事，很難發現或發展出自己的興趣和能力。不能專心的人，比較「沒有耐心」和「沒有定性」〈指沒有確定見解與性情過於善變〉的人，這樣的個性也會影響他未來的成就、信心和生涯規畫。

所以，為了讓孩子讀書有效率，父母應該進一步幫助孩子，調整並改善不專心的讀書習慣。

但有些父母聽了，不免心慌的問：

「那…那要如何培養孩子『專心』的好習慣呢？」

答案很簡單，只要把所有足以讓孩子分心的因素去

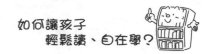

除，就可以專心了。

　　下面提列一些改善孩子不專心的幾個要領，如果能夠遵從，相信可以大大的改善孩子不專心讀書的情況，增加讀書效率。

●給一個有所區隔的學習空間

　　本書在談「營造讀書環境」時，曾經提過，盡「為孩子安排一個安靜的讀書位置」，因為到達上學階段的孩子，時時刻刻都在學習，有一個屬於自己的空間，可以做自己想做的事，在這個小小的天地裡，孩子可以在裡面畫圖、聽音樂、閱讀、寫作業而不被其他因素干擾，比較能收到專心的效果。

●別讓書桌與電腦同桌

　　很多家庭因為空間的考量，大多將電腦安置讀書的書桌上。可是現在電腦遊戲、網路聊天室、網路訊息等非常普遍，也是孩子非常熱中的項目之一。書桌與電腦桌同桌，孩子很容易趁父母不注意的時候，偷偷打開電腦，上網玩遊戲、聊天、瀏覽，甚至到了廢寢忘食的地步，把讀

書的時間都耗在上頭，完全「冷落」了課業，自然影響到正常學科的學習。

所以，盡可能將電腦與書桌分開來，除非孩子有上網或使用電腦的必要時，才到電腦上操作，否則，就乖乖的在自己的書桌上讀書。

如果空間實在不夠，也一定要設法加以管制〈如在電腦上設定密碼、限制使用時間、注意上網的內容等〉。父母必須能夠引導孩子，正確的管控好上電腦的時間，否則被「冷落」在一邊的課業，永遠不被青睞，更別提孩子會去拿起來背誦或學習了。

● 保持座位整潔

有些孩子沒有將東西歸位的習慣，以致讀書位置非常凌亂，堆滿了各式各樣的小東西，不但會影響讀書、寫字的順暢度，也會經常為了找文具、書本、練習簿等而分心，這點是很多人經常疏忽的部分，但是卻是打斷讀書與浪費寶貴讀書時間的禍首之一。

因此，盡可能讓孩子養成將東西歸位的好習慣，保持讀書環境乾淨、整潔，讀書時的頭腦較易呈現清新狀態，

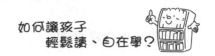

達到專注、吸收強的效果。畢竟沒有人願意把讀書時間，浪費在尋找文具、書籍或物品上。

● 不要一心兩用

　　有部分孩子，上課時很不專心，之後常需要花費很多時間來補課。這些孩子回家後無論讀書或寫家庭作業，常常也是一邊讀書，一邊看電視、聽廣播。其實，吵雜性的音樂，很容易擾亂讀書時的記憶，使讀書分心。電視節目，尤其是談話性、娛樂性節目，看了不但會上癮，還容易打斷讀書的思緒，難怪有人給電視取了一個「插電的毒品」這樣的封號。

　　讀書時，最好專心只做一件事，如果能夠不看電視、聽音樂或廣播，就盡量不聽，若孩子的習慣一時無法改變，可選擇較清靜、柔和的音樂，以音量小為原則，以免分心。

　　另外，現在手機很方便，孩子也常常一邊讀書，一邊和同學講電話，或是收發e-mail與簡訊，讀書效果自然不彰。讀書時，盡可能請孩子遠離電話、手機，必要時，可以關掉。但為免漏失重要訊息，可打開答錄機或電話留

言，不重要的電話，可以等讀完書、寫完作業後再回覆。

● 不要邊讀、邊吃東西

一邊讀書，一邊吃東西，也是孩子讀書的不良習慣之一，同樣會使孩子分心。但如果判定孩子是真的餓了，還是得讓他先吃點東西，因為餓著肚子的學習效率並不好。但為了讓孩子專心讀書，最好還是能另外安排一個適當的時間，例如午茶時間、晚點時間等，讓孩子開心的吃個夠。當然，如果來孩子已經過胖，飲食的量上，還是需要節制。

剛吃飽時，不適合叫孩子讀書，因為這時候，血液會流向身體的各部位，腦部不適合思考、記誦，就算勉強進行，效果也不佳，何況多數人也都希望飯後能放鬆一下。因此，飯後一小時之後，再讓孩子讀書，比較能提高專注力。

● 不要一直起來走動

有些孩子讀書時，會一會兒看看風景，一會兒打電話，一會兒想休息，一會兒起來上廁所，一會兒拿東西，

一會兒播放音樂，甚至沒目的的隨意走動、摸東摸西的，以致讀書常受到中斷，學習效果自然不彰。

這時，父母不妨先陪孩子讀一會兒書，一方面坐陣現場，孩子比較不敢亂走動，一方面可乘機訓練孩子長時間安靜坐定，培養專心一致的讀書習慣。

● 容許進入讀書狀態的小動作

在孩子真正進入讀書狀態之前，容許他們做些簡單的小動作，像削削鉛筆、整理一下書桌或明天上課要用的用品，甚至咬咬手指頭、發發呆等，據了解，這些小動作有利於幫助孩子的心理和身體，做好正式讀書的準備，穩定情緒，做完這些動作之後，孩子比較能專心一意的讀書。

● 學習靜坐、深呼吸或冥想、遠望

孩子不專心，主要是因為心靜不下來，如果帶領孩子學習靜坐、深呼吸，甚或冥想、遠望，對於安定孩子的心的訓練，有很大的幫助。一旦孩子可以讓自己的心靜下來，就可以進一步專心讀書了。

近年來，有些小學推行這種靜坐的方法，每天在上課

前，讓孩子靜坐 10 分鐘到半小時，據說孩子的學習效果相當不錯。另外民間也有標榜靜坐幫助學習記憶的課程，也開班授徒起來，且一再強調其中的功能。如果父母百試多法無效，不妨試試這項，也許可以收到良效。

● 規律的作息

有些人也許會覺得奇怪：

「規律的作息和專心讀書有關聯嗎？」

兩者的確有些間接的關係。規律的作息可以讓孩子清楚的知道，自己接下來該進行的是什麼事情，而能夠很快的、按部就班的、有條不紊的進入情況，並完成例行的每一件事情。這樣一來，孩子比較不會有緊緊張張、起伏較大的情緒變化，自然就比較能夠心無旁騖的專心讀書。

相反的，如果作息不一定，孩子每天都面臨變化的情況，情緒起伏不定，有時過度緊張或憂慮，自然無法專心讀書了。

(5) 利用零碎時間

孩子的課業越到高年級越繁重，每天的時間扣除上

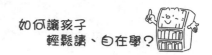

課、讀書寫作業的時間，幾乎所剩無幾，如果要讀完書，甚至必須減少睡眠或休閒的時間，這時候就必須善用每天的零碎時間，才能有效的讀書，例如：

- 一早起來，可以利用刷牙、洗臉的時間，聽方言或英文 CD；
- 在等車的時候背國語課文；
- 在打掃的時候背英文片語；
- 放學時立刻複習當天所學的課程等。

然後把比較整體、大段的時間，留給較困難的科目，這樣才能達到有效的學習。

（6）堅持到底的精神

如果有好的讀書計畫，卻虎頭蛇尾、沒有堅持到底，徹底執行，那個讀書計畫充其量也只不過是沒有行動的空談罷了。所以，既然擬好了計畫，就該徹底的執行，日日朝著目標前進，而且堅持到底。

8. 配合孩子的個性 ——收到立竿見影的效果

　　我在第一章曾經提到過，每個孩子天生的氣質不同，智能發展不同，所受的環境刺激也不一樣，所以，所生成的個性也大異其趣。

　　例如，如果孩子的個性反覆無常，卻很有創意、想法新奇。像這樣的孩子，引導他們讀書時，就不能採用一成不變的方式，而要改採跳躍的方式，才可以收到較好的效果。父母可引導孩子把課業分成幾部分，每做完一部分，告一段落，再進行第二部分、第三部分，然後又回頭來做第一部分，再轉換第四、第五部分。總之，要不斷的變化，孩子才不會厭倦。

　　父母如果了解自己孩子個性的屬性，才能對症下藥，做出最正確的引導。

　　成績表現優異的孩子，大都相當主動且喜歡讀書學習，父母比較不需要擔心。父母會擔心的，多數是因為孩子有不愛讀書、成績不良的現象。然而根據分析，不愛讀書、成績不良的孩子，有下列幾種類型：

（1）憂鬱沮喪型

有的孩子的個性屬於憂鬱沮喪型，情緒變化很大。之所以如此，是因為他們的信心不足，對於自己的外表、成績、與父母的關係、能否讓同學接受、讀書學習的狀況等又非常在意，因此令他們感到痛苦，有時甚至絕望而陷入低潮，呈現短暫的憂鬱，然後又循環原來的生活步調。但是當這段憂鬱期越長，就越難回到現實生活。其中成績不良也是使他們不快樂，導致憂鬱的原因。但也有人評斷是先憂鬱，才使成績不良。

他們有時暴飲暴食，有時又沒胃口、不想吃；他們睡得很多卻又睡不好，顯得精力不足、無精打采的樣子，總覺得日子「無聊透頂」。這樣的沮喪，又使他們的注意力不能集中。父母常會忽略孩子憂鬱沮喪的一面，而認定他們是刻意的不想讀書、懶得寫作業。

這些孩子如果能找出一直困擾孩子的真正原因，給予最大的支柱，然後善用一些較實際的方法，相信能幫助孩子解除憂鬱。例如：

● 增加體能活動，治療他們的憂鬱沮喪。

● 適時的做些放鬆運動；指出負面想法的錯誤，訓練

孩子加以抵抗。

● 誠心的給予讚美和批評。

● 不過度的幽默。

● 鼓勵他們正確的去質疑不正確的假設。

● 幫助他們增加信心。

(2) 好辯叛逆型

　　個性屬於好辯叛逆型的孩子，雖然數量不多，但是卻是出了名的不合作主義者，到了青春期，這型孩子的叛逆更明顯。他們的脾氣暴躁、喜怒無常、輕視權威、敢向權威挑戰，愛辯、故意惹人嫌，不是心懷不軌，就是有仇必報，會把自己的行為轉嫁給別人，推卸責任，滿懷怨恨。

　　這類型的孩子，幾乎把所有的事情都當作一場權力鬥爭，而他們絕對是不肯輕易認輸的一方。他們認為，不讀書、成績不良、不寫作業，就是他們用來權力鬥爭的武器，乖乖讀書、拿好成績，根本就是向權威屈服，他們認為自己和父母師長唱反調，就是他們獨立的的最佳顯示。

　　他們並不覺得自己是叛逆或故意對抗權威，而是自認自己很成熟，了解自己所做的一切。就算是為別人強出

頭，也認為那是在維護正義或弱者，並不是存心頂撞權威。他們大都認為父母師長根本不了解狀況、總是不在乎他們，老愛使喚他們去做他們不愛做的事。

這類型的孩子，應該

● 讓他們重新了解獨立的真正意義，以釐清他們的錯誤觀念。

● 必須讓他們了解，世上沒有人可以完全不被管束；真正獨立的人，會對自己所作所為完全負責，包括下怎樣的決心，事後要承受所有的褒或貶。

● 要盡量避免把焦點放在他們的態度上，別把他們對你的攻擊態度放在心上，應轉移目標，忽略他們的不良態度，只針對他們行為，引導他們走出迷途，並結束紛爭。

必要時，可以利用他們叛逆反抗的心理，反其道而行，偶而對他們說：

「這麼難的課，我看你也沒辦法念！」

「既然不想念，那就不要念了。」

孩子基於反抗的心態，有時會被激到，而決定要「讀給你看」、「念給你瞧」，以顯示他們是有辦法、

有能力的。

面對這樣的孩子，也需要一些同理心，盡可能承認他們認爲的正當行爲，偶而對他們的正確做法表示贊同。因爲並非每個孩子，都只有負面的做法，當你贊同他們的情況增加，他們的表現也會漸趨正常。

(3) 獨斷獨行型

還有一種獨斷獨行型的孩子，是男多於女一型，凡事衝鋒陷陣，做事衝動，立刻就要做，而且非達到目的不可，喜歡到處亂跑。所以，要讓他們安靜的坐下來讀書，並不容易，行爲表現與一些注意力不集中〈ADD〉、過動兒〈ADHD〉的行爲很類似。

他們也很容易不安、焦慮，常犯相同的錯誤，沒有親密的朋友，愛說謊、作弊、偷東西、蹺課，甚至會離家出走，是學校的問題學生，也常以不讀書，來對家人表示他們的抗議。他們有時還會狐群狗黨的緊密結合，互相支持、鼓舞彼此的行爲，卻又在群體中，找不到親密的好朋友。

這樣個性的孩子，雖然很有鬥志，也有自己悲傷、脆

弱的一面，只是被他們的「假面具」所掩飾，呈現給外人一個假象罷了。

因此，引導他們時，

● 盡量少說教。

● 要注意在他們在遇到困難時，引導他們懂得放下。

● 對他們時常挹注關心，並讓他們學習有效的自我控制。

● 訓練他們行動前花些時間了解狀況等，他們才能輕鬆的讀書學習。

有一個父親平常並沒有太多的時間監督孩子的功課，但只要一有時間和孩子面對，就不忘對孩子說：

「雖然要用功讀書，但也別用功過度，把身體累壞了喲！」

他的孩子本來也不怎麼用功，但父親的關注與完全的信賴激發了他，使他日後更加強用功讀書的慾望。

所以，過度的說教、責罵，會讓孩子變成一個不願留在家裡，這樣，父母就算有再多的關心，也是枉然。

這類型的孩子，如果學習不佳的狀況非常的不理想，

可請專家評估一下孩子，是否是注意力不集中或過動兒。如果是，及早接受專業輔導是較好的選擇。

(4) 杞人憂天型

顧名思義就是事事小心翼翼且會杞人憂天的孩子，他們牽腸掛肚於昨天所犯的錯，害怕憂慮明天將降臨的事，對於今天的事也小心翼翼、沒有動力。他們大都有良好的基本常識，個性一絲不苟，學習的每個步驟，他們都做得有條有理，各科的學習都很平均，筆記也做得很好。可是，成績卻出乎意外的不如一些向他們借筆記的同學。

這樣的孩子因為太過小心、敏感、要求完美，常會在面臨種種抉擇時，裹足不前；也常迷失在細微的事情上，而看不到整個大方向，以致抓不到讀書重點。他們表現出來的也顯得有點緩慢、懶散，甚至被誤會是無動於衷，因此錯過許多學習機會。

父母要找出讓他們憂心的癥結點，消除他們的憂慮。例如：

● 讓他們重複的練習，在他們認為熟悉而安全無虞的基礎下，他們的小心就容易轉化為大膽嘗試了。

● 幫助他們學習何時該停止功課，別讓完美主義使他們陷入焦慮而無法自拔。

● 幫助他們學習下決心，學習把課業學習系統化，化分為小步驟，然後一步步依序進行。別讓他們猶豫不決的個性坐困愁城，平白浪費許多光陰。

如果距離考試只有 10 天，而想讓他們做完 150 題數學，別對他們說：

「10 天後就要考試了，還不快做。」

這樣的催促會使他們更緊張而不知所措，而可以改對他們這樣說：

「你現在一天只要做 15 題，考前就可以全部做完了。」

千萬別說：

「只剩 2 天就要考試了！」

可以對他們說：

「還有 48 小時呢！」

另外，多增加一些體能活動，以能放鬆的運動為主。例如健步走、跑步、簡易的瑜珈、深呼吸運動、回力球運動等，讓他們有紓解壓力的管道。

(5) 拖拖拉拉型

拖拉型的孩子，最明顯的特徵就是做事拖拖拉拉，一點兒也不擔心後果。對於需要時間才能完成的報告、讀書學習的事，一概顯得不關心、無所謂、不在乎，有時候會膨脹自己的成績，有時候又對自己的壞成績含混其辭，找很多藉口拖拉。在課業學習與做家事時，很容易分心，可是，對自己喜歡的事卻又專心一致。只記住想要記住的事，對於其他的事都忘記。他們每隔一學期左右，就會重複循環一次。

這類型的孩子獎勵與懲罰，似乎對他們都起不了作用，最糟的是，他們一點也不擔憂自己的未來。

然而令人不解的，是他們並不是真的如人所看到的「又懶又被動」，他們非常主動，只是他們只會向他們鎖定的目標前進，而這目標往往是一個能讓他們能避開種種責任的目標，例如不去做功課。他們根本也不知道自己的動機何在，更別說對目標清楚了。

經過研究，只要這類型人肯放棄找藉口，問題就可以大大改善。

既然如此，父母何不乾脆讓他們自己決定目標，例如

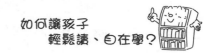

問他們：

「想不想讓自己喜歡讀書？」

「要不要得到好成績？」

一般來說，他們當然會選擇正面的目標，然後拆穿他們的所有藉口，讓他們的拖拉理由不存在，開始為自己的選擇負責。

其次是要建立一套可以查詢真相的人際網路，不管是向學校、老師或同學查問，把相關的人當成友人，才能得到正確有效的訊息。然後還要定期檢查這型孩子的作業，透過課程表與所建立的人際網路，確實的進行，防止孩子找各種理由來當作藉口。這樣一來，有部分孩子就真的不再拖拉，開始喜歡讀書了。

上述這幾種類型，並不能完全概括所有的孩子，有些孩子根本不歸屬在這些類型之中，有些孩子則是兼有上述 2 到 3 種類型的特質。父母必須耐心的觀察，用心的體會，才能發覺自己孩子真正的屬性，找出適當的應付之道，也才能有效的改善孩子不愛讀書的問題。

我家小孩愛看書

第四章　讓孩子自在的學習

傷害孩子、說了不如不說的話：

「你真的很笨耶！」

「你怎麼這麼壞？」

「你做之前，為什麼不問一問我？」

「你就不能做對一件事嗎？」

　　為人父母，是十分不容易的事，不僅是要懂得孩子的心理，了解教養之道，還要知道親子溝通的祕方，最重要的，是要真真正正的當個好父母。

　　根據研究，孩子的學習成就與是否有自信，與父母對孩子課業學習的參與程度有密切的關連。有足夠參與程度的父母，才是所謂的「稱職」父母，而真正「稱職」的父母，必須讓孩子感受到父母對他的學業表現有所關心，卻又不能讓孩子感到有壓力。例如父母可以關心的詢

問孩子家庭作業情形，但別關心過了頭，讓孩子覺得父母太囉唆，起了反感，也不宜過度重視讀書的成績，應該把重點放在孩子讀書學習的過程，孩子才會發展出想要好好讀書的動力。

然而，如何表現關心卻又不給壓力，這就需要靠父母分寸的拿捏了。根據了解，絕大多數的父母，會為了陪孩子讀書、寫家庭作業的事，大感困擾，深知其中三味的父母，大概都會慨歎孩子太不受教，尤其在指導他們課業學習方面，真是有吐不完的苦水、說不盡的委屈。

問題出在哪裡呢？難道是父母投入的程度不夠？還是對孩子的關注不足？

研究的結果，卻大大的出人意料之外。因為結果恰恰相反，現代的父母，尤其是中高階層的父母，不是不夠關心，而是過度的把太多的心力，投注在孩子的身上，而且不僅止於孩子的課業，舉凡孩子社交，甚至休閒活動、生活上的每一件事，父母都要介入。

這些善意的介入，最後都成為父母煩心的來源所在，也導致父母莫名其妙的扛起孩子學習的所有責任。因為參與程度越多的父母，搶走孩子的責任就越多，孩子就越不

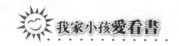
負責任，相對的，也就越依賴，越依賴就越經常出錯，促使父母更加越焦躁不安，又更加介入，然後就這樣惡性循環不息……。

　　父母會介入的原因，主要就是怕孩子做錯、受挫。事實上，人都必須經歷挫折才能學習到經驗，甚至有人認為讓孩子受到相當程度的挫折，才能使孩子得到有效的學習。這點雖然沒有得到完全的支持，但是一味的不讓孩子犯錯、受挫，的確也會讓孩子失去激勵他學習的動力。

　　那麼，父母究竟該如何著手，才能不介入太多，做一個最適當的陪伴者，讓親子雙方都感到自在呢？。

1.　累了就休息，想睡就睡

　　孩子累了，就讓他休息，想睡就讓他睡，是陪孩子讀書、寫家庭作業的基本原則。當孩子想睡時，可以縮短讀書時間。基本上小學中、低年級的孩子，每隔20～30分鐘，就讓他們休息一下。

　　有些孩子在考試前會特別想睡覺，這大都是為了準備

考試而引起的壓力所帶來的。無論是基於加緊讀書或是因為考試壓力，在這種狀況下，如果還不讓孩子休息，勉強堅持下去的話，恐怕讀書效率會大打折扣。與其如此，不如讓孩子專心的讀一小段時間後，就讓他休息一會兒再繼續，反而來得有效率。

如果孩子實在太疲累了，乾脆讓他睡一下也好，只是千萬記得要讓孩子明天早起，把未讀的書或家庭作業完成。在這樣做的同時，要算好明天起床的時間，把鬧鐘設定好，確實的要求孩子起來。孩子經過一整晚的休息，頭腦清楚、記憶清晰，讀書效率反而更好。

但是，如果孩子真的是太累了，何妨讓他們得到完整的休息，孩子正處在生長發育的階段，過度的勞累苦讀，並不利於身心發展，總不能拿孩子的身體健康和考試拼吧？再說一、兩次考不好，也沒那麼嚴重，逼迫孩子讀書的結果，最容易消磨孩子的讀書意願，到時候恐怕會得不償失。

不過，為了讓孩子趕上學習進度，休息幾天，體力恢復後，仍要把沒背好的、沒弄懂的部分一一補強起來。

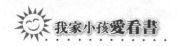

2. 訂定作息時間表

　　為了不想讓孩子拖延、浪費時間，父母最好和孩子訂定一份作息時間表。例如，把一星期的行事曆影印下來，將一星期所有作息時間全都排進去，包括何時可以看電視？何時讀書、寫家庭作業？何時可以自由活動？有些父母甚至把洗澡、睡覺的時間，也都安排進去，達到統一管理的目的。

　　如果不想這麼僵化的規範每天的各種作息，也盡量把讀書、看電視的時間訂定好。例如，讀書與家庭作業是安排作息表的重頭戲，必須要求孩子優先把這些項目排進後，再排其他活動。通常家庭作業的時間長短，依年級的不同而有異，一般低年級的孩子也許只需要 15 到 30 分鐘，高中的孩子則可能需要 2 到 3 個小時。兒童每天看電視的時間，約安排 30 到 40 分鐘就夠了，隨著年齡的增加，或有好的表現時，可酌量增加一些時間。

　　對於小學低年級的孩子，父母可以和他一起填寫作息時間表，讓他了解每天的作息與如何分配時間。

　　對於小學中、高年級的孩子，父母可要求他自己填寫、安排，事後由父母督促、檢查，修改不適當的部分。

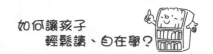

　　對於國、高中的孩子，因為課業比較繁複，最好改採每日行事曆，試著讓他自己安排。

　　完成後，把行事曆貼在顯而易見的地方，成為督促孩子另一個有力的指標。甚至到了寒暑假、節日、例假日，都可以讓孩子自己規畫自己的讀書計畫。

　　但是，行事曆的安排要有彈性，不能過於死板。如果孩子每天持續念某一科念得太久，顯得不耐煩起來，這時不妨改換別的科目繼續念，不需要刻板的要求孩子一定要遵照預定的科目念，以免助長了他「厭惡讀書」的火苗，最後到達不到所要的目標。

　　需要訂定寫作業的時間表，但也要同時訂定「截止時間」，讀書學習的事情，才不會沒完沒了。

　　一般來說，在整段工作時間中，前段和末段工作的質與量都好，尤以截止時間前所呈現的效果最佳，這就是所謂的「截止時間效應」，中段時間反而是表現得最差的時段。

　　讀書學習也是一樣，也會有「截止時間效應」。你也會發現，孩子會寧願聽到你問「你什麼時候可以讀完」，也不願聽你問「你要讀到什麼時候」的話。所以，

應該要訂定每項學習的「截止時間」，縮減比較沒有效率的中段時間。

如果把「截止時間」設定在孩子喜歡看的節目、影片之前，或答應他們在讀完之後，可玩一下他們喜愛的遊戲〈包括電腦遊戲〉，所得到的讀書效果會更好。至於「截止時間」，可用家裡的鬧鐘作為提醒。

此外，不單只是把未完成的行事曆張貼起來，也要把已經完成的行事曆張貼，這樣孩子除了知道下一步該做什麼之外，也會對自己已經完成的事，產生很大的成就感，藉此而對讀書產生動力。

3. 與孩子的課業，保持距離

一項研究報告指出，面對整體教育環境的不安定感、不合宜的教師，孩子仍然能不放棄學習和受教育的熱誠，大都是因為有父母的支持、鼓勵，如果失去這股力量，孩子很容易產生負面偏差的看法，甚至排斥讀書學習。

在孩子讀書期間，家庭作業對孩子在學校的表現，有

著相當程度的影響力。有報告指出，孩子寫家庭作業所花費的心力越多，所累積的學習技巧與成果，當然就越多，在校的表現〈無論是學習成績或行為〉也就越好。這意味著家庭作業對孩子讀書學習的重要性，而能夠適當的引導孩子做好家庭作業，將引領孩子走向學習精進、邁向未來成功的康莊大道。

因此，父母一般都不敢輕忽家庭作業的必要性，甚至慎重其事的要求孩子要順利完成。所以，一見孩子漫不經心、拖拖拉拉的寫著家庭作業，不免會生起來氣來責備孩子，然後毅然決定進入「陪讀的戰場」。

之所以說「戰場」，是因為父母原本只是要督促孩子寫好家庭作業，可是在陪讀的過程中，發現孩子的表現每每脫離父母的理想，父母因此而失去耐性，苛責孩子更甚。而孩子則在這樣的過程中，信心逐漸喪失，哭哭啼啼以對，以致每天和孩子一同演出「責罵聲夾雜著孩子哭聲」的戲碼，每天就像打了一場濫仗，日日循環而又無可避免，彷彿沒完沒了的夢魘，最後演變為親子雙方，一旦面臨家庭作業的時間，無不深惡痛絕。

因此，父母可以採取下列較為強勢、以退為進的做

法，拯救瞬間即發的親子戰火：

(1) 只監督，不參與

我必須先提出一個觀念，就是父母應該了解「陪孩子的最終目的，是要養成孩子獨立讀書學習的習慣」，陪讀的最後是要「監督」而不是「全程參與」，更不是「替代」，陪讀的意義在使孩子逐漸自立，最後能在不須陪伴下就能主動讀書。父母要做的是一位生活的導師，而不是介入孩子生活的工程師

父母也應該讓孩子了解，在群體中，每個人都扮演著不同的角色，各有不同的本分，應該各盡其職。孩子在家有幫忙做家事的責任；也有準時上學、認真學習及做好家庭作業的責任，過程中所學到的一切技能與各種經驗，都是孩子人生歷練的一部分。越能小心不懈怠的面對，越能樂觀不怕困難的學習，所得的豐碩成果都是孩子的，這是為孩子奠定堅固的學習基石的必要過程，孩子沒有理由不去接受學習過程的訓練。

除了讀書、寫家庭作業外，其他的很多事情也都一樣，具有讓孩子「歷練」的成分在裡面。

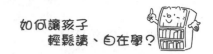

　　有責任心的孩子，會竭盡所能的去完成該負的責任，能贏得別人信任、認同和支持。這樣的孩子有自尊感，對未來的社會，也會有莫大助益。

　　所以，父母只為小學低年級的孩子陪讀。小學中、高年級以上的孩子，陪讀的時間應該逐漸減少，陪讀一段時間之後，可以對孩子說明，讀書學習是自己的責任，不能一直仰賴父母。

　　當孩子自己讀完書、做好家庭作業後，不妨請孩子自行檢查，父母只做兩項工作，就是簽聯絡簿及瀏覽家庭家庭作業是否全部完成。畢竟聯絡簿是父母與老師間溝通的重要管道，父母可藉由聯絡簿，了解孩子在課堂上的學習情況，以及在校其他各方面的表現，應該認真的看待，不要把它當作是每天的例行公事，隨意簽了名了事。至於瀏覽家庭作業時，如果發現孩子有不用心犯下的錯誤，要給予適當的警告，要求孩修正，才能培養出良好的學習責任心。

　　父母應該自我檢討一下，平日是否有檢閱孩子的課業、親自簽閱聯絡簿的習慣？是否從孩子小時候，就將孩子學習的責任一肩扛，或為孩子代勞，以致忽略了培養孩

子的責任感？

可是，有些父母卻擔心得不得了，說：

「我的孩子自制力很差，根本也不了解認真寫家庭作業、用功讀書，都是為自己好的道理。如果又對他不聞不問，會不會讓我的孩子，更覺得沒有用功的必要？」

答案是「會」，但也可能「不會」。

為什麼會有這樣兩極又矛盾的答案呢？因為主動讀書、寫家庭作業，可以說是建立孩子人格的一項重要過程，也是讓孩子邁向自由思想的墊腳石。如果孩子做到能夠主動讀書和寫家庭作業，就能從中培養出責任心、自信心、自主性、耐性、開創性、時間管理、應變能力等潛在的資質。

如果孩子沒有做到，父母所該扮演的角色，是「顧問」而不是「導演」，只要接受「事情在轉好之前，有可能會變得更壞」的心理，耐心的引導與期待，孩子一定會度過那個「壞」的階段，走向「好」的路程來。

所以，只要父母耐心的引導，孩子就會從「會」的情況，走向「不會」來。

(2) 讓孩子自己完成課業

那麼，該如何讓孩子自己準時完成課業呢？

這是許多父母很想知道的答案之一，針對這個問題，在此提出幾個專家們提議的方法：

● 正面的肯定與鼓勵

當孩子做了努力，父母傳遞給孩子的每一分訊息，都是正面的肯定與鼓勵，任何人都喜歡別人對他的讚賞，孩子將因為父母對他表現出「我相信你有這樣的能力」的看法，或「把他當大人看待」，而在課業上有了十足的信心，表現也顯示出積極傑出。

當然，正面的肯定與鼓勵，不單止於讚賞就夠了，必須進一步明確的指出你所欣賞的部分，例如：

「你能自己主動的做家庭作業，沒有一點抱怨，真是太棒了！」

「這麼難的題目你都會做，真了不起！」

如果想要更有效的讓孩子感受到父母的「激勵」，父母可以這樣說：

「我很高興你這麼認真的做家庭作業，不但做得快，

又做得好，等爺爺、奶奶回來，一定要讓他們知道你的好表現。」

「我真為你感到驕傲！我會這樣說，當然是因為你表現得很好。」

「婉真啊！妳不知道，我們小玟呀，今天寫家庭作業時，表現得好棒呀！不但不用人催促，很早就做完，而且做得很好……。」

小學低年級的孩子，盡量每天找出幾個實例來加以讚賞，同時讓他知道，你非常以他的努力為榮。小學中、高年級的孩子，每晚至少提出一項加以讚賞，國、高中以上的孩子，至少每星期要找出一件事例加以讚賞。必要時，給孩子一個擁抱或拍拍他的肩，藉此可以加強父母所要給予的訊息。最重要的，自然是正面的肯定與鼓勵必須持續。

當孩子知道父母是如何的珍視他，他就會有驚人的表現出來。

●不和孩子爭吵

如果進行了上述的方法，孩子仍然不能好好的完成課

業，這時就必須與孩子進行有效的溝通，並且表達出父母堅決明確的立場，說明孩子必須好好的完成課業，才能進行其他遊戲、活動。不須拜託或乞求孩子；也不必與孩子爭吵，因爲明智的父母絕不會與孩子吵架；更不必高聲對孩子怒罵，或用攻擊性、傷害性的話來責備孩子，因爲那些話只會貶低孩子的自尊，使孩子的信心逐漸被腐蝕，或是使問題不斷重複，除此之外，別無利處。

　　父母所要做的，不是和孩子爭奪吵架的「冠軍」，而是要幫助孩子做出正確的選擇。所以，想辦法樹立威信、堅持立場。俗話說「一個銅板敲不響」，父母絕對有能力讓爭執停止，只要父母堅持不想吵，孩子就沒轍。

　　●採取必要的行動

　　當溝通不全然有效時，就必須採取必要的行動。根據各年齡的不同需求，所運用的方法也會不同。這裡並不是要父母開始使用暴力、處罰或威嚇的方式對付孩子，而是要讓孩子清楚知道父母的立場：除非他把家庭作業做完，否則只有一個選擇，就是繼續坐在書桌前。

　　孩子也許會用哭鬧、發脾氣、不在乎等反應與伎倆，

來試探父母的決心。這時父母絕對不能心軟，或因為厭煩或愧疚而改變初衷，放棄立場。應該用平和的語氣說明立場，並堅持到底。

但是，並非所有的孩子都那麼乖巧、有責任心，會好好的把作業寫好。有些孩子為了早點解脫、早點玩，不是草率的胡亂的完成家庭作業，就是「忘了」把課本、習作帶回家，甚至推說習作「丟了」，各種狀況百出。

對於這些孩子的做法，父母當然要有對策。胡亂完成家庭作業的孩子，要讓他明白，他這樣做的結果，只會招來「重做」的命運，並不會增加玩的時間。老是忘了或丟了課本、習作的孩子，也必須讓他在做家庭作業的那段時間內，做和讀書有關的事，例如，預習明天的國語，或練習寫字、算數學評量，甚至剝奪他其他活動或遊戲的時間當作處罰。

像這樣確實執行幾次之後，孩子便會知道，他這樣的做法不但一無所獲，反而得不償失時，就會開始「認真」的去完成課業，也會「記得」帶課本回家，更不會再「丟」習作了。

有許多家庭，經常為了工作而無法監督孩子的課業。

遇到這樣的狀況，仍必須要求陪伴孩子的人堅持「在一定時間內完成課業」這一個原則。如果實在無法有人可以隨時盯著孩子的課業，也一定要要求孩子獨立完成課業，必要時可以打電話查詢孩子進行的進度，或回家時進行檢查。

請求老師協助也是一個積極有效的辦法。例如，孩子如果老是忘記帶課本回家，可以請求老師督促他，讓他馬上改正這樣的行為，或戳破他的謊話。如果孩子沒辦法把家庭作業做好，是因為不懂課業內容，也可以請求老師、愛心實習老師或同學，在校找時間加以輔導，必要時可以和老師一起想辦法。

最後，還必須讓孩子了解，父母這樣與老師合作的目的，無非是要共同幫助他走向正確成功的道路，而不是處心積慮、聯合起來對付他。

●家庭作業管理 ABC 法

美國、加拿大的親子教育專欄作家約翰·羅斯蒙〈John Rosemond〉，針對孩子的家庭作業，為父母提出一個有效管理的 ABC 法，可當作父母的另一個參考，以

消除父母長久以來的陪讀困擾與夢魘。

A 是 All by myself，也就是一切都讓孩子自己來，父母只要注意是否做到下列幾點就夠了：

是否為孩子布置好合適的讀書環境？

是否給予足夠的文具、用品〈參見附表五.〉？

是否與孩子訂定好讀書與寫家庭作業的時間？

是否運用平和的情緒與孩子溝通？

是否有鼓勵孩子獨立、主動的完成家庭作業？

是否對孩子做家庭作業的努力，給予持續的讚美？

有些孩子對於原有的文具、筆記本會有「厭惡」的印象。如果經濟許可，可以在每個學期開始，為孩子更換新的，以去除孩子因為「厭惡」文具，而生出「不想讀書」的情結。

如果這些文具、筆記本都還很新、沒用過，覺得丟掉太可惜，不妨先存放起來，等過一、兩個學期後，再拿出來給孩子用，孩子那時看過各式各樣的文具、筆記本，又經過一段時間，基本上早已忘記舊有的形樣了，保證孩子還是會以歡欣的心情，迎接這些「新奇」的東西。

對於喜歡變化的孩子，多樣化的文具，可以刺激他們

學習。例如不要只準備一種鉛筆就好，可以多準備一些像彩色鉛筆、免削鉛筆、自動鉛筆等，或建議孩子用綠筆劃國語重點、藍筆劃英文重點、紅筆劃社會重點等，孩子就會因為文具新奇多變，刺激他們覺得讀書有趣。

附表五. 讀書求學所需的文具用品

小學低年級

- ❖ 鉛筆、蠟筆、麥克筆、彩虹筆。
- ❖ 橡皮擦。
- ❖ 迴紋針。
- ❖ 剪刀。
- ❖ 漿糊、強力膠。
- ❖ 紙〈白紙、圖畫紙、色紙〉。
- ❖ 削鉛筆機。
- ❖ 釘書機。
- ❖ 打孔機。
- ❖ 兒童字典。
- ❖ 作業簿。

小學中、高年級

- ❖ 鉛筆、蠟筆、麥克筆、原子筆、彩虹筆或彩色筆。
- ❖ 橡皮擦、立可白。
- ❖ 迴紋針。
- ❖ 剪刀。
- ❖ 漿糊、強力膠、膠帶。
- ❖ 紙〈白紙、圖畫紙、色紙、紙卡〉。

❖ 削鉛筆機。

❖ 釘書機。

❖ 打孔機。

❖ 兒童字典、地圖。

❖ 作業簿。

❖ 書夾。

❖ 橡皮筋。

❖ 行事曆。

國、高中

❖ 鉛筆、麥克筆、原子筆、彩虹筆或彩色筆。

❖ 橡皮擦、立可白。

❖ 迴紋針。

❖ 剪刀。

❖ 美工刀。

❖ 尺、圓規。

❖ 漿糊、強力膠、膠帶。

❖ 紙〈白紙、圖畫紙、色紙、紙卡〉。

❖ 削鉛筆機。

❖ 釘書機。

❖ 打孔機。

❖ 字典、地圖。

❖ 作業簿。

❖ 書夾。

❖ 橡皮筋。

❖ 計算機。

❖ 指南針。

❖ 量角器。

❖ 行事曆。
❖ 百科全書〈視情況購置〉。
❖ 電腦〈視情況購置〉。
❖ 印表機〈視情況購置〉。
❖ 電子辭典〈視情況購置〉。

B 是 Back off，也就是「退後，不插手」。但是，當孩子提出問題時，還是要適時的給孩子正面的回應，不敷衍他。原則上是，除非孩子主動求助，否則絕不插手。即使孩子遇到困難，不耐煩的敲桌或謾罵時，也不要主動的跑去解圍。只有在孩子來求助，而且要求合理時，才出面協助。

那父母又要問了：

「什麼樣的狀況才算合理，需要給予協助呢？」

通常是當孩子的想法被「絆」住了，一時想不通，父母可以給予指點，打通一下關節，孩子就能融會貫通的時候。又如當孩子已經完成功課，需要父母給予評論或檢查的時候。

如果問題需要耗費相當程度的時間，就該把它留給學校該學科的老師去傷腦筋。這並不是父母不負責任，而是

各有專司、各盡本分。試想一個學藝股長如果管起風紀的事，不但會和風紀股長起衝突，也會忽忽學藝方面的本分職責。父母如果強出頭，一旦教法與老師不同，又會點燃另一個戰場火，也容易混餚孩子的學習。

父母給予的回應只能是「協助」，而不是「捷徑」〈例如讓孩子抄襲解答〉，也不是「插手」〈為了節省麻煩，出手幫孩子完成功課〉，更不能一頭栽進問題裡，埋頭研究起來，因為這樣不但會剝奪孩子的思考能力，也會養成孩子更依賴的心理。

如果孩子抱怨你講解得不夠仔細，可以請孩子自己去尋求同學或老師的幫忙，不要和孩子鬧情緒，父母應該扮演的，是支持、協助的角色。

C 是 Call quits at a reasonable hour，也就是「時間一到就停止」。這一點附和了前面所提過的觀念──設定適當的「截止時間」，這對於孩子讀書時間的管控，是很重要的一環。

當然如果遇到考試前，或寫報告，可以稍微延長時間。否則時間一到，父母就要喊停，以免挑燈夜讀的情況一再出現，弄得親子雙方都疲累不堪。孩子經過幾次訓

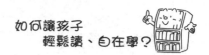

練，大都知道要把握時間，盡快的把書讀完、把作業寫畢，達到讀書效率。

這樣一來，每天晚上演出的「責罵」舞台劇，隨時可以下檔，家庭氣氛也可以大大的改觀，父母不但有自己喝茶、聽音樂、閱讀的私人時間，還可以出去散個步，然後用愉悅歡喜的心情擁抱孩子。

誰說有了學齡的孩子，生活就不再輕鬆自在了呢？

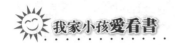

第五章　讀書的方法與要領

讓孩子了解基本原則的話：

「不要緊！」

「這樣不行！」

「你得靠自己。」

「做了就知道。」

當自己的孩子的成績不好、不想讀書，沒有父母是不擔心的，尤其那些孩童時代曾經讀書表現非常出色的父母，更無法接受自己孩子不愛讀書的事實。

其實，孩子的讀書問題，並非個個都那麼令人頭痛、個個都那麼那麼依賴，有些孩子不愛讀書、表現不好，也許只是單純的讀書不得要領，用的方法不對；或是沒有信心，認為自己很笨等等，父母沒有察覺到，而在那裡窮擔心罷了。只要確知問題是出在這裡，父母便可以從這點出

發，引導他們運用適當的讀書方法與教給他們基本的要領，相信可以改進這方面的問題。

　　但父母先要引導孩子釐清一個觀念，那就是：導致成績不良的原因很多，成績不良並不代表他們就是笨孩子，但是只要他們肯努力的讀書學習，就算成績沒有立刻好轉，至少也會因為多讀多學的關係，變得比以前更聰明。

　　一旦說服孩子願意努力讀書學習，而暫時不要太在乎各科成績考得如何，把注意力轉移到是否融會貫通各學科的理念沒有，孩子的學習動機就會再次啟動、加強。接著，就可以運用下列幾個方式，讓孩子趕緊上軌道，跟上讀書學習的腳步：

1. 傳授父母自己的讀書經驗

　　現代的父母有個趨勢，就是過去曾經讀書讀得很好，順利擁有高學歷的父母，大都認為小孩應該自己找到讀書方法〈就像自己當年一樣〉，而且也不認同用逼迫的方式讓孩子讀書。

　　相反的，過去書讀得不好，或因家境的關係，無法求得高學歷的父母，反而會希望孩子在讀書方面有好成績，甚至不惜請家教、送補習班，逼迫他們的孩子讀書。

　　無論這是基於補償心理或對應心理，父母都應該了解，每個生命都是不同的個體，無法請別人「更替」或「延續」，應該就孩子本身的氣質加以引導，以孩子的興趣作為考量，才能做個快樂又輕鬆的父母。何況，誠如眾人所知的，類似這樣強逼就範的結果，仍然無法讓孩子主動讀書學習，甚至學習成績也沒有因此而有所進步。

　　因此，當孩子差不多到達小學中、高年級的年齡時，父母的角色就應該有所轉移，不再是只是扮演父母的角色而已，而是要改換成良師、顧問的角色，也就是應該展現良師、顧問的一面，傳授父母的知識和技能給孩子。

　　這些知識和技能可以是你認為孩子將來會用到的、對讀書學習有利的，或是會因此大大獲益的部分。也許父母是文藝人士，認為詩文可以陶養孩子的文藝氣質，那就教給孩子。如果父母是音樂人，認為音樂可以豐富孩子的心靈，那就教給孩子。如果父母是手工藝人，認為手工藝是重要的傳承，希望孩子傳承下去，那就教給孩子。只要在

孩子「願意學」的前題下，傳受任何技藝或知識，都可以接受，孩子可以因此多一種本事，多一分對父母的了解，多一項生活的藝術……。傳承越多，孩子所能承擔的責任就越大，受益也越多。

至於傳授的方法很簡單，大致可劃分為 4 個步驟，分別是：

1. 我來做、你來看。

2. 我們一起做。

3. 你來做、我來看。

4. 你來做、我去做別的事。

除了父母認為有益於孩子的這些技藝或知識之外，既然父母童年時代，曾經是讀書的佼佼者，為何不把自己那套讀書方法與經驗，傳授給孩子呢？

每個個人的發展不同，也許父母所擅長的，剛好是孩子抓不到門路的；父母很容易就想通的理念，偏偏孩子就是想不通的。但是，就算一個普通朋友的孩子，誠心來求教於你的專長，你也一定會傾囊相授，那麼又為何要有別於自己的孩子？對於自己的孩子要求特別嚴苛呢？

也許你認為那是對孩子的「訓練」，希望他自己

「摸索」出來,就像自己當年一樣。但如果這樣的「訓練」達不到任何效果,「摸索」徒然浪費時間,你的堅持又有什麼意義呢?

孩子的一生無法重來,人的生命也是極爲短暫與有限,自己當年「摸索」期的痛苦,何必一定要讓孩子品嘗呢?倒不如像對友人的孩子那樣,把所有的經驗傾囊相授。例如教他讀書時如何理解前後文?如何抓住重點?如何標示?如何融會貫通?如何復習?也許正走在迷霧中的孩子,因爲得到父母的真傳,找到了對的讀書方向與方法,立刻就走出迷陣也不一定。

2. 千年不變的讀書鐵律與要領

如果父母沒有自己的一套,那麼我在這裡所傳授這一套——「課前預習、課中專心聽講、課後溫習」,這是千年不變的讀書鐵律。一般來說,能夠確實做到這樣的孩子,讀書的表現就不會太差。

誠然,讀書的目的不是爲了考試,但是,學習的成績

畢竟是反應孩子學習狀況與表現的重要指標，父母很難不受影響。但唯有父母能先破繭而出，不把重點全放在孩子的成績上，才有辦法引導受挫的孩子脫離成績的桎梏，重新思考，是否已經學習到課業所要教的部分了？

如果沒有學到，又與現在的教學進度落了很遠，聽不懂老師目前上課所說的，這時老師當然不可能重教，而後面的課程又接續而來，該怎麼辦呢？

父母不妨幫助孩子，確實有效的進行「自我學習」。既然說是「自我學習」，基本上和學校的學習有所不同，學校學習完全由老師主導，而「自我學習」則是由老師提示一部分要點，其他完全是由孩子自己自修的方式，也就是由孩子自己主動積極的讀書學習，自己找答案解決問題，甚至能自己訂正習題，目的在激發孩子主動學習的心。所以，「自我學習」可說是建立孩子主動學習的第一步。

（1）現有課程的上課要領

● 課前先讓孩子把課文讀一遍，大略的了解課本的內容大意。

- 再細讀一遍課文，同時用筆標注重點，記下要提的疑問。
- 上課時，專心聽講，並提出疑問。
- 課後複習，熟記重點，用心寫家庭作業與課本習題。
- 就課本內容自我〈或請父母〉提問，寫評量卷或參考考古題目，把握學習重點。

(2) 舊有課程從根本補救

　　對舊有的課程，宜從根本補救起，帶領孩子從頭一步步穩健的學習，孩子的程度到哪兒，就讓孩子從哪兒起步，不必太在乎學校的進度。因為唯有這樣，才能好好的學習。否則如果孩子的程度跟不上，就有急切讓他趕上的心，一定會形成一股壓力，讓孩子再度對讀書學習這件事生厭，何況勉強的快速跟上，容易因為根基不穩固，再度摔回原點來。

　　因此，慢慢來，配合孩子本身的學習進度，學完一課，再學另一課，完成了一階段，再向另一個更深的階段挑戰，務必把孩子的心集中在確實讀書學習的軌道上，而

不是朝向得高分、讀明星學校的目標邁進，這樣孩子才能
得到學習良果。

3. 善用圖表、圖畫、教具等工具

　　引導孩子讀書時，不要太依賴參考書或題庫，必須讓
孩子真正了解讀書的要領，學會善用實際的「工具」，
才能陪養出有創造力、思考力的孩子。

　　一般來說，學校的課程教材，大都經過費心規畫，書
中常附有相關的地圖、表格、圖畫、附錄、參考資料、索
引、目錄、教具、錄音帶、 CD 、 CD-Rom 或補助教材等
「工具」，都是編者或製作人精心設計的部分，具有幫
助孩子學習的功能。孩子在讀書學習時，不要忽略這些工
具的輔助功能與效用。善用這些工具，絕對可以幫助孩子
讀書學習。

　　例如，目錄部分是全書的內容提要，列有各範圍的頁
碼，透過目錄可以掌握到該書的大綱提要，也是該書的重
點、敘述的脈絡所在。善於運用目錄，不但能通透的掌握

該書的主要內容，又能快速查詢，自然有利於有效的讀書學習。

又如，當孩子有興趣擴充學習內容時，書後的附錄或所列的參考資料，就變成孩子很有用的「寶藏」，孩子可以循線摸索，滿足自己對知識的渴求。

此外，家裡的某些道具，如豆子、錢幣、撲克牌、杯盤、紙卡、橡皮筋等，只要發揮創意，派得上用場，都可以成為很好的學習工具。

4. 別盡忙著作筆記

有一個身為母親的朋友抱怨說：

「我實在不明白，我的孩子明明很認真，上課也勤做筆記。可是，不知道為什麼，還是有一堆不懂的地方？」

我想，這個孩子可能弄混了做筆記的真正意義了。做筆記的目的，是要幫助讀書學習，可是，如果為了要做「漂亮、完整」的筆記，或拼命想把老師的話，一字不漏的抄下來，而忽略了老師講解的重點，這就失去做筆記的意義了。

　　想把老師的話一字不漏的抄下來，這是件非常不容易做到的事。畢竟，說話的速度比寫字快得多，這樣的抄法，當然就常常會來不及，也會因此而忽略了老師講解的其他重點，以至於雖然努力的抄，卻仍不懂所學的情況，這樣顯然與抄筆記的最初目的本末倒置了。

　　父母最好提醒孩子，上課聽講是十分重要的事。還沒有理解、聽懂的部分，要注意聽老師講，把不理解的部分標示出來，找機會問老師或同學；已經理解、聽懂的部分，要用自己的話簡明、扼要的筆記出來。來不及抄筆記的時候，一定要先注意聽講，等課後再把筆記補上。千萬別為了忙著做筆記，而錯過老師講解的重點，錯失學習機會，以致回去沒辦法融會貫通，這樣的損失就大了。

　　一般學生的筆記有三大內容：

1. 提列課前預習時所遇到的疑問。

2. 記錄、整理上課時老師所說的重點，並將疑問提問，把問得的解答記錄下來。

3. 課後從參考書、報章雜誌等查詢到的相關的剪貼、例題範例與資料。

好的筆記應該是具有實用、易讀易懂、標題清楚、簡

潔、有創意等優點。可是，一些被做筆記所苦的孩子，會疑惑的問道：

「讀書學習就一定要做筆記嗎？」

做不做筆記，完全見人見智，並沒有硬性的規範。我是選擇特定的科目才做筆記，例如英文、數學、物理、化學等，這些科目有相關的例句要記錄、有很多需要理解文法、需要知道運算過程與原理的部分，所以自認需要做筆記加強了解，幫助學習。但其他著重背誦方面的科目，如國語、史地等，我就不做，而是直接在課本上標注重點。

父母可與孩子一起討論，然後決定做不做筆記，這點不需要強迫。不可否認的，在做筆記的過程中，的確有幫助記憶的功能。如果孩子的專注力較差，讀書又抓不到重點，做筆記確實可以幫助集中精神、記憶重點，對他的學習很有幫助。但是，如果孩子做了筆記，卻沒時間、從來也不看一眼，或筆記做得零零散散，沒個系統或脈落，這樣就失去做筆記的意義，不如不做，把時間留下來用在理解、通透書的內容。畢竟，孩子有沒有理解所學、是否讀通書中的道理，才是最重要的。

5. 掌握學習重點

無論做任何事情，都要懂得掌握重點，才會事半功倍。讀書學習也是一樣，如果能把課業的主、副關係，像區分樹幹、樹枝一樣的分立清楚，就能提綱挈領，掌握到讀書學習的重點所在。

前面所提的，善用目錄，就是一個可以幫助了解全書脈絡與重點的好方法，自然也有助於讀書學習。

另外，還有一個在企業管理上相當被認同的，所謂的「80／20法則」，運用到讀書學習上，也能說得通。「80／20法則」的內容大致是說，學習的重點通常只占全部學習內容的20%，然而由這20%的重點內容中所學習到的，卻幾乎占總需要學習量的80%，考題也八成都出自這20%。

所以，只要掌握到這20%的學習重點，其餘80%的枝末細節，就算沒有看到，也很容易了解。對於沒有太充足的時間讀書學習的孩子，只要把握到學習重點，即使忽略了其餘的那些部分，通常所學的也不會太離譜。

6. 反覆的練習

　　很多人不知道，「反覆練習」是讀書學習進步的重要關鍵。孩子假如有「跟不上」的情況，其中很大的原因，是對課程「反覆練習」的程度不夠所致。孩子真正需要反覆練習的次數，因人而異，有的需要的次數少，有的需要的次數多，次數多的，有時是超乎父母所能想像的地步。

　　但是不明原因的父母會覺得：

　　「有必要讓孩子反覆練習那麼多次嗎？這樣不是會讓孩子覺得無聊、感到厭煩嗎？」

　　同一時間練習同樣的練習太久，孩子當然會產生厭煩。這裡所說的反覆練習，是在一長段時間內進行。之所以反覆進行，主要是要讓孩子熟練，達到完全了解的目的。如果孩子真的有厭倦的情況，可以變換別種科目讓他學習，改天再持續這一層次的練習，直到完全熟練為止。

　　我們可以從很多成功的例子看出來，這些成功者幾乎都是透過非常機械式的練習，與長久的經驗累積，才能得到那項技藝的殊榮。例如，精準的籃球射手，必定是每天不斷練習投籃無數次，才能準確的投籃；令人讚嘆的舞蹈

家，也是需要經過不停的練習舞步，才能在舞台上展現曼妙的舞藝。

這些機械式的練習與經驗累積，就是儲備他們「實力」的不二法門。有了「實力」，就好比「養精蓄銳」已久的士兵，一旦上戰場後，作戰的精神與威力是十分驚人的。正在培養讀書「實力」的孩子，也不例外。

另外，在反覆做練習時，面對許多題目，有人認為不應先看答案，我則認為可以彈性處理。

我在求學時代，因為某些因素，沒有太多時間念書，對於數學、化學等需要運算過程的習作部分，一定會自己先做做看，不會做時，才去看解答。但堅持完全了解每一個運算步驟後，才會「抄」到作業本上。所以，這些科目的作業，常花費很多時間去完成。然而也因為如此，只要我寫過的題目，都是我會做的，考試題目多半不會超出這些習作的範圍太多，所以成績表現不至於太差。

但對於國文、英語、社會等科目的習題，一般我都是先抄答案，再按住答案自我答題，答完後立刻對照答案，答錯的馬上把正確答案熟記下來。這樣做的原因，是這些科目的習題答案，不知道就是不知道，再怎麼想破頭也是

空想，徒然浪費時間而已，不如把空想的時間省下來，用
在加強背誦、記憶上，會比在那裡空想來得有效得多。

7. 增加記憶力

　　讀書學習階段，越往高年級，越多需要孩子背誦、記
憶的部分，如果這部分做得不好，學習效率就會減分。為
了讓孩子應付日漸繁重的課業，增加孩子記憶能力，便成
為很重要的課題。

　　可是，讀書能不能牢記，與人的記憶力有密切的關
係。也就是記憶力好壞，來自天生，記憶力差的孩子，常
巴不得自己有超強的記憶力，最好能一目十行。問題是自
古到今，能夠一目十行的人物寥寥可數，未必這個光環會
那麼幸運的落在自己孩子的頭上。因此，很多父母也都為
此傷透腦筋，有的拼命為孩子食補，效益不得而知；有的
卻不知所措，徒然為孩子操心、著急。

　　有這方面困擾的父母，可以引導孩子，善用下列這些
幫助記憶的小撇步，加強孩子的記憶力。但在運用這些方

法時，仍要以孩子的興趣與理解為前導，否則還是會有反效果。

(1) 規律生活

　　有規律生活的人，作息適當，精神、情緒大都比較安定，這樣的人，能有較好的社會性與社會連結，較受團體的歡迎，通常會有不錯的親朋好友，而且基本上記憶力都不差。

(2) 放鬆心情

　　輕鬆的氣氛，能夠影響孩子的學習情緒。在充滿歡笑和安全感的環境中學習，孩子的學習力特別強。也就是說，在記憶、學習時，如果是在心情放鬆的情況下，效果較佳。但也不能放鬆到完全「無所謂」，連最起碼的學習意願都喪失的地步，這樣當然無法達到好的效果。

　　反之，心情如果處在緊張的狀態下，會阻礙記憶。許多證明提到，在不愉快的環境下，容易產生壓抑和逃避的心理，記憶力相對的會變差，學習效果自然不彰。這樣的例子非常普遍，最常見的是進行大專聯考或學測時，有些孩子因為太過緊張，腦筋忽然一片空白，連平日熟記、擅

長的題目，也都完全忘光、不會做。

　　所以，盡量給孩子一個輕鬆學習的環境，比較能達到學習效果。

　　但是，礙於體制，截至目前為止，考試仍是孩子讀書學習的過程中，無法避免的一環，孩子必須面臨大大小小無數次的考試，一旦面臨考試，難免緊張。

　　父母應該教導孩子，明白考試失敗並不是世界末日，要學會調整自己的心情，面對考試也不要太過緊張、得失心太重。

(3) 機械式的強記

　　小學低年級的孩子，本身因理解力還不夠、語言能力發展不夠完善、閱歷和運用的方法不足等因素的影響，沒有辦法理解所背的內容，記憶的情況自然不佳。

　　這時，父母須多舉例說明，如果孩子還是不懂，不妨讓他先強記，也就是靠機械式的記憶先記下來，等到日後他的生活體驗豐富了，自然會慢慢融會貫通之前所背誦的內容。

（4）分段記憶

讀書時，有時會遇到長篇大論的課文需要背誦、記憶，如果一大段一下子記不住，可以依個人的記憶力，把它分成幾個小段落，再加以記憶。

如果孩子的記憶力還可以，不妨依照課本主題或標題來分段落，最後再串連起來。如果孩子不喜歡課文，拿兒歌、詩歌或其他孩子不排斥的篇章讓他們練習，也可以達到效果。

如果孩子的記憶力特別不好，也不必太著急，俗語說「勤能補拙」，只要努力不懈的背下去，即使一次只能記一、兩句也沒有關係。等小段記熟了，再慢慢的把全部內容背下來。畢竟再怎麼長的課文，也終有背完的時候，不是嗎？

（5）配合視覺、聽覺來輔助記憶

古人讀書往往強調要心到、眼到、手到、口到、耳到，而事實上也的確有這樣的證明，證實配合視覺、聽覺、觸覺等，能幫助人類記憶。例如，在閱讀時：

● 把國語生字、英文單字或片語寫在紙上，貼在冰箱

或牆上，不停刺激孩子的視覺，可以使孩子時刻記憶，自然的記住。

● 用圖表或手指指著書的內容，利用視覺集中精神，也可以增強孩子的記憶。

● 動筆寫一寫，也是利用視覺幫助記憶的一種，效果非常不錯。遇到不容易記熟的課文、片語、單字，只要寫個幾次，就奇蹟似的記下來了。抄筆記、摘記重點，就是利用這點來幫助記憶的。因此，父母可以為孩子準備一本小筆記，鼓勵孩子記下每天所發生的重要事情（或寫日記），藉此訓練孩子的記憶力。

● 聽錄音帶、CD、光碟等，可以幫助學習。有人藉此學英文、有人背下不少唐詩、宋詞。

● 用口朗讀，綜合了視覺與聽覺，效果比單獨的聽或看好得多，印象也較深刻。這種讀出聲音，讓自己

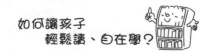

聽到所讀的內容，比不出聲音的默讀，能記憶得更久、更好。

● 加入有節奏、趣味的聲調，這就是我在前面曾經提過的，把課文編入孩子熟悉的兒歌中，然後在重要的部分速度放慢，不重要的部分速度加快，也有助於背誦、記憶。

(6) 新舊學習互相比較、參照

小學孩子的理解力還不大好，父母如果能幫助孩子理解內容，耐心的重複解說，使孩子真正理解，在理解的意識下，較容易把內容記憶起來。

為了加強理解，可以把後來新學的，和之前舊學的，不斷的互相比較、參照，藉此抓住前後學習領域，融會貫通相同的部分，同時比較相異的部分，作一番有系統的分類、總結。這樣一來，就可以掌握新舊學習領域的要點所在，並加深印象。

(7) 利用顏色和形象來加深記憶

● 色彩有加深人類印象的功能。

　　讀書時可用有顏色的筆，把重要的部分標注起來，有利於抓取重點。但如果把所有內容，都當作重點畫上顏色，這樣就失去標注的重點的功用了。

　　剛開始，如果孩子不知道怎麼標，父母可以和孩子一起進行，運用不同顏色的筆或螢光筆來進行〈如果擔心螢光筆的有害物質，單用有色筆也行〉，慢慢的再讓孩子自己來。事實上，在標注的過程中，就已經在幫助孩子記憶了。

　●描繪形象也可以幫助記憶。

　　讓孩子在讀完書後，盡情的把所知道的內容畫出來，可以增加記憶。例如，畫一個簡單地圖；或將所讀的內容描畫出來〈過程圖、演變圖或分解圖等〉。

　　由於在這樣描繪的過程中，運用豐富的想像力、思考力，不但使圖像深烙腦中，幫助了記憶，更增添了讀書的趣味性。

　●善用聯想力，想辦法和身邊的人、事、物連結，也可以幫助記憶。

有一個調皮、有創意的人，據說很喜歡看外國影片，卻對於介紹外國明星的長串名字，感到困擾不已，常影響他滔滔不絕的敘述。為此，他採用聯想法，例如提到「葛雷哥來畢克」，他就用「割來割去割屁股」這句與名字音調酷似又有趣的話，提醒他、幫他記憶。

就這樣，他在「高談闊論」時，再也沒有被說不出人名的問題困擾過，大家對他能夠熟記這些長串名字的記憶力，佩服得五體投地。

(8) 創造尋找答案的樂趣

在讀書學習前，先想想自己想從書本中得到哪些知識和訊息，然後才開始讀。使自己在讀書學習的同時，也創造一種「好奇」的樂趣——尋找答案，答案找到時也因為特別滿足、高興，因而留下深刻的印象。父母不妨鼓勵孩子在這一方面多加油，例如：

- 課前讓孩子先提問，說一說自己所知的。
- 對於模糊不肯定的問題，讓孩子自己從課本中尋求解答。
- 對於不了解的，讓孩子自己找資料補充。

(9) 將所學與人分享

　　將所學與別人分享，也有加強記憶的效力。這點在生活中，不難找到典範。譬如孩子在家中扮演小老師時，把所學的部分向弟妹講述時，父母也可以扮演聽眾。孩子在這樣的角色進行下，所學的部分會在教學分享的過程中，會記得更牢、更深刻。父母所要表現的，是嘉許孩子的講解、聲音、樂於提問等，孩子將會樂此不疲的更想分享自己的所學。

　　有些教育專家認為，孩子如果有把父母當作「知己、友伴」，他們的讀書學習的心情就會很好，有助於學習。

　　所以，父母如果不斷給孩子溫暖、鼓勵、支持、了解的感覺，孩子就會喜歡父母陪伴，視父母為「心靈夥伴」。由心理的程面來說，有心靈夥伴的孩子，身、心發展會更健康，在讀書學習這方面，也會有正面的表現。

　　但在此也要提醒父母，在孩子做完一番耗費心力的記憶之後，最好讓孩子休息 10 ～ 15 分鐘，如果孩子想睡，讓他去睡一會兒也無妨。如果不想睡，休息後最好轉換別種科目，才會使記憶的內容發揮效力。

　　坊間有許多速讀法，標榜可以一目十行。我並不鼓勵小學中、低年級以下的孩子去學習，因為他們正處在認字、識字的基礎階段，學習跳閱或簡讀這樣的速讀法，容易讓孩子的學習不確實，對於字形相近的文字，也容易辨認不清，影響日後的實力。如果覺得有必要或很想學速讀法，可以等國、高中之後再學。

第六章 讀書疑難應付有道

讓孩子了解基本原則的話：

「來！我們一起做幾分鐘。」

「你是家裡的小主人，家事也是你的事。」

「自己的事自己做。」

「因為你『有需要』才買，不是因為『你要』而買。」

孩子讀書學習的道路，既長遠又有階段性，難免會遇到大大小小的疑難問題。如何幫孩子解難？解難又要解到什麼程度？是父母十分關心的問題，但這些也同時是困擾他們的問題，所以常在孩子遇到疑難時，對自己提出這樣的疑問：

「我需要替孩子解決嗎？」

根據幾位朋友的經驗，認為父母該做的，是只告知孩子一些解決的步驟，讓孩子自己去完成，而不需要「幫」他解決問題。

　　這些友人認為，這樣做的目的，是要讓孩子品嘗挫折的滋味，懂得如何由挫折中站起來，更重要的是，知道如何面對疑難、解決疑難。過程中，可以讓孩子了解，一時的失敗，不代表永遠的失敗，如果願意努力克服，成功的機會還是很大。

　　另外，有關孩子課業上的問題，如課程教學或改正家庭作業的錯誤，這些友人也建議不要介入太多。他們認為那並不是父母的職責所在，父母如果涉入太多，或主動教導的結果，往往因為教法與老師不同，而衍生出更多的問題。

　　關於這點，無論中外，的確有相當多的實例，證明那是造成親子衝突的一大原因。

　　事實上，孩子遇到疑難時，所需要的不是全程介入的父母，而是隨時可以指引他們的父母。

　　因此，把這些問題留給孩子，讓他去請教同學，或請教該科目的專任老師，必要時，請求老師予以輔導，父母只要與老師密切聯繫，掌握孩子的學習狀況就可以了。

　　那麼，父母該引導孩子怎麼做呢？

1.鼓勵孩子多多發問

一位因為孩子不愛讀書而惶惶不安的父親，經過細細「盤問」孩子之後，很洩氣的說：

「我的孩子就是有不敢發問的毛病，跟我小時候一樣，我也不知道該怎麼辦才好？」

這似乎是我國大部分孩子的學習通病──不敢發問。這個通病一直延燒到 21 世紀的今天仍繼續存在，其中牽扯到教育體制的問題。體制的問題比較複雜，不容易改變，父母只能就自己所能，先給孩子一些適當的引導。

追究孩子不喜歡問的原因，有的是真的不「敢」發問，有的卻是不「懂」得該怎麼發問。不「敢」發問的孩子，又可歸納為幾種：

(1) 缺乏勇氣

很多孩子遇到疑難時，私底下其實很想發問，可是不知為什麼，始終憋著、拗著，就是沒有勇氣開口，事過境遷後，經常懊惱不已。

這樣的孩子，只是缺乏些勇氣罷了，應讓他了解，提問就像平常說話一樣，沒有他所想像的那麼困難。平日也

應隨時多鼓勵他，讓他多練習提問，增強提問的勇氣，才
會敢於發問。

(2) 害怕被笑

　　另有一部分孩子，則是擔心發問了以後，會被老師、
同學或旁人取笑，以致選擇沉默。父母應該給予心理建
設，讓孩子了解，發問的目的，最重要的是為了解決自己
的疑問與困難，所以，不需要顧忌發問的水準如何。何況
提問這件事，根本無所謂的好壞，能解決自己的疑難才是
最重要的。

(3) 發問時太緊張

　　有些孩子特別容易緊張，問問題常問到一半，其餘的
就都忘光了，然後愣在現場，不知所措。這樣的孩子，可
以教他事先把要問的問題筆記下來，到了提問時，再照著
所寫的內容順序發問就行了。

(4) 不善表達

　　有些孩子的語言表達力不好，常常「答非所問」或
「問非所答」，這種情況通常連他自己也覺得非常的困

擾。譬如，他問了一個問題，老師常會不斷的詰問，他的問題重點是什麼？但這點他自己也沒辦法說明。老師只好就所猜測的給予回答。可是，等聽老師說了一大堆之後，發現自己的疑問並沒有得到解答。想再追問，又怕老師、同學會覺得厭煩而作罷。因此，久而久之，也就不再想要發問了。

這樣的孩子不是他的表達力不夠，就是無法理解別人的說話重點，需要加強他與人溝通的能力，包括語言的表達能力與傾聽的能力，否則將來與人溝通時，也會出現同樣的困擾。須引導他多說、多聽，並鼓勵他繼續用更清楚的話，勇敢提問。

至於不懂得該怎麼發問的孩子，可能是沒弄清楚所學的內容，自然不知道如何提問；也有可能是程度跟不上，有學習上的困難，這樣就更談不上發問了。例如一個ㄅㄆㄇ都還沒記熟的孩子，如何會分辨有捲舌、沒捲舌的拼音，而提出「『從』和『重』的拼音有什麼不一樣」的問題來呢？

另外，孩子在學習的過程中，會遇到大大小小的疑問、困難，如果沒有適時的為他釋疑、解難，這些疑問、

困難將會成為他的學習障礙。專家發現，有些孩子遇到疑問或困難，有時竟然延宕一段相當長的時間，一直沒有去解決。結果那些疑難如影隨形的，由小學跟著他到國、高中，甚至大學，中間曾經鬧出幾次笑話，讓孩子難堪不已，孩子也沒有設法擺脫。

這真是讓人不可思議！

所以，如果想讓孩子理解所學、跟上所學、吸收所學，成為有用的人，必須設法幫助孩子「敢於提問」、「知道怎麼提問」與「及時的提問」。

2.鼓勵孩子多聽、多學、多查

孩子一旦敢於發問了，不怕常常多向人請教，有關疑難的種種，就會變得順暢起來。父母可以再鼓勵孩子，平日多聽別人的意見、說法、做法，例如別人在發問時，也要注意聽，從中分析、比較和自己所知、所想的，有何不同；也要謙虛的多請教同學、長輩、專業的人士等，聽聽他們的看法，看看他們的做法，這些都是很好的學習成長

機會。

　　如果孩子有鍥而不捨的精神，對於疑難會主動的去查字典、百科、報章雜誌等相關的資料，應好好的誇獎孩子一番。孩子主動查詢的結果，漸漸就可以自己解決疑難，並且能深入問題的各個層面，增加觀察事情的敏銳度、判斷力，甚至變成一個博學多聞的人。

　　只是，這裡必須提醒父母，孩子博學多聞了，並不表示學校成績就會一下子好轉。父母這時只要繼續等待，並對孩子的每一點進步，都給予持續的鼓勵、讚許與支持，孩子才會有願意前進的動力。即使成績不見得立刻進步，其他的實質所得，絕對是令人滿意的。

3. 鼓勵孩子面對並克服表現不好的科目

　　孩子表現不好的科目，不但成績不亮眼，學習興趣也不濃厚，甚至會有逃避學習的現象。

　　然而越不想學習的科目，那些科目的表現就會越差。這樣惡性循環，如同墮入沒有底的深淵，會讓人害怕得喘

不過氣來。

可是，美國思想家艾默生曾說：

「只要去做害怕的事，害怕的事就會消失。」

很多人一定有這樣的經驗，一度認為棘手怕做的事情，等到真正去做時，卻不覺得有想像中那麼難。

所以，應付表現不好科目的根本之道，就是要引導孩子跨越，而跨越的唯一方式就是去面對、去克服，只有面對、克服，才能解除經由那些科目所帶來的種種困擾。

「那麼，要如何面對與克服表現不好的科目呢？」

答案是「重新學起」。

重新去了解那些科目的內容、要點，重新習作相關的問卷。過程中仍要不斷反覆的研習，基本上以複習強的、補足弱的為原則，循序漸近，遇到問題先記下來，改天請教老師或同學，或自己尋求解答，慢慢的趕上進度。

這方法說起來很簡單，做起來卻不容易。但只要有心面對，耐心進行，一定可以克服。

我念國一時，國語發音非常不正確，從來沒被國文老師叫起來念過課文。當時我很洩氣，但仔細聆聽同學的發音，才驚覺自己的發音的確與人有別。於是回家拼命練

習，不管是報紙、課本、作業題目，拿到什麼就大聲念什麼。期間，說不順暢的有之，舌頭打結的有之，家人笑破肚皮的有之，但我就是一味的努力練習，搞不清楚的部分就請教同學，不然就小心聽同學的發音，一個勁兒的練習。結果不到一年，小學同學驚覺我發音的改變，有些新認識的同學，還問我是哪一省的外省仔，而不知道我是道地的台灣囡仔哩！

4. 鼓勵孩子不要為考試而讀書

　　求學階段所學的，是最基礎性的學習，是培養自己的「實力」的階段。能夠好好在讀書學習這段過程學習的人，就如同一個「養精蓄銳」的人，必定是有實力的人。有實力的人，才會發揮各種能力，實實在在的生活；有實力的人，自然也經得起各種考試的試練，在重重的關卡中，釋放出最佳的「能量」與光彩來。

　　但是為考試而學習的人，把重點放在如何記住考題，想到的是如何投機學習，所重視的是如何抓住考試趨勢，

並沒有腳踏實地的學習，實力往往不夠，容易因爲小小的考題變化，而「垮」下來。

試著分析給孩子明白，受教育的真義，不是只爲了得到好成績、考到好學校，而是要讓自己和家人的生活改善、心靈得到滿足。學習這些課程的目的，是要領會、學習到課程所教的要旨，不是爲了考試。

想辦法鼓勵孩子思考，就長遠來看，與其爲了「考試」而讀得焦頭爛額、精神疲憊，將來難以在社會中生存，何不改變成爲了「培養自己的實力」而讀，來得有意義又有趣得多。

第3篇

讀書樂趣的無限延伸

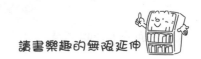

第一章　驗收讀書成果

讓孩子體會人生的哲理的話：
「從前有個人說過……。」
「要學習發現別人的優點。」
「失敗不等於沒用，盡力就好。」
「沒創意的人才會覺得無聊。」
「哭解決不了問題。」

　　總體看來，讀書學習的道路上，充滿了艱辛，也包含了喜樂，但只要走過的任何人，都會獲得或大或小的成果。有人會問：

　　「驗收這些讀書成果有什麼好處呢？」

　　做這件事對孩子有積極、正面的意義，使孩子對自己讀書學習後的成果有概念，比較能夠了解讀書學習的意義所在，並能從成果中得到滿足，建立信心。

　　一個對讀書信心滿滿的孩子，比較會有一顆自願讀書

的心，也會有快樂讀書的好心情，能懷著滿足的心情，繼續的向人生的道路邁進。

因此，父母不妨定期和孩子驗收一下所學的成果。在寒暑假或是修習的課程剛結束時，是一個學習告一段落的階段，不妨和孩子一起驗收一下成果，分享得到成果的喜悅。無論多麼小的成果，都是信心的泉源，有了信心，才有足夠的力量進一步讀書學習。

如果讀書學習的成果不佳，也一定要找出一點成果來分享，即使很少也沒有關係，目的是不要讓孩子的挫折擴大，信心消失。但在驗收成果之餘，也要同時檢討成果不佳的原因，作為下次改進與加強學習的警惕。

一般來說，讀書學習所得的成果因人而異，大致可歸納出下列幾種：

1. 親子共同學習的歡樂無窮

儘管有許多父母過於忙碌，很少有時間陪伴；儘管專家們不斷告誡父母，對於孩子的課業不要涉入太多。但在孩子讀書學習的一路上，還是可以看到很多父母不斷穿梭

的身影，或是基於關注、遙看、監督或僅僅只是單純的陪伴，總之，他們的關心無所不在。

對孩子而言，如果讀書學習的過程中，幸運的能得到家人的適當陪伴，基本上都顯得特別快樂、幸福。因為家人個個都是熟悉的面孔、熟悉的個性，加上父母溫暖的呵護，能給予孩子「家庭如學校、家人是同學」的安全自在感。所以，親子能夠共讀、共賞、共遊，比在學校更能沐浴在歡樂的氣氛中，學習效果自然會加倍顯著。

2. 學習不同課程，擴大知識領域

讀書學習前，孩子的所知有限，經過專業規畫的學習課程教導後，各方面能力基本上都會有長足的進步。例如，小學低年級的閱讀能力增加，從不認識字到可以自己閱讀；小學中、高年級的計算能力增加，熟悉基本的四則運算，科學觀察能力增加，有宇宙觀，知道氣象、太空，認識風、雪、雲、雨的自然現象。到了國、高中，有些孩子甚至另外發展出不俗的語文能力，會說故事與懂得表達自己的想法，會寫不錯的作文等等，這些果實其實算起來

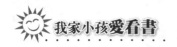

都相當的豐碩，值得提出來激勵孩子一番。

3. 習得一技或多技之能

在校讀書學習期間，透過各項體育、才藝或社團活動，孩子可以有機會學到打球、跑步、跳舞、游泳、作文、繪畫、吹笛、打鼓等各項技能，就算沒有全部學到，至少也學會其種幾項；就算學的還只是低階，但也是打好高階學習的重要基礎，其中的效能也是不容忽視的。

這些技能如果能夠持續，在生活與健康層面，能發揮舉足輕重的協調功能。例如，作文能力讓孩子可以輕易的寫一篇公告，讓大家愛護學校；打球可以養成運動習慣，爲健康奠定良好基礎；繪畫能力可以讓生活增色，展現生命跳躍的一面等，這些技能都能讓日後的生活平添多方面的生命力，使生活過得更多采多姿。

但是，建議父母不要因爲求好心切，在學校課業以外，爲孩子安排過量的學習，超出孩子所能負荷，例如每周安排學琴、學畫、學舞蹈，還要學心算、作文等，每天

的課排得滿滿的，孩子沒有一點喘息的餘地，這樣很容易適得其反，導致孩子出現焦慮、抗拒的情緒，得不到應有的學習效果。

4. 學到基本禮儀與處世之道

從讀書求學的過程中，孩子可以學到一些進退的基本禮儀，而且因為天天是無法避免要與同學碰面，經常的往來，懂得交友之道，交到幾位不錯的朋友，贏得友誼。

即使交友不順，也至少因為在學校這個「小社會」中適應多年，多少也學會一些與群體生活處世之道，知道群體的生態、曉得如何適應群體生活，了解任何人都不適合當一個獨行俠，需要學習互助合作、彼此關懷、與人溝通、領導與服從等技巧，將來才能在社會中生存。

這部分其實是相當重要的一環，可是經常被課業成績的表現，搶去受重視的位置。在這裡要呼籲，父母們不要忽視這一環節對孩子健全人格的影響力，應設法提出有力的成果與孩子分享，使孩子也注意到這方面的學習。

第二章 讀書與生活結合

讓孩子體會人生的哲理的話：

「會生氣也要會消氣。」

「主動的人有福了。」

「打人是暴力行為。」

「嘴巴厲害只贏表面。」

「愛吹牛的人沒有真本事。」

曾經在報章媒體看到有關「生活白癡」的報導，提到有位學歷高達博士學位的人，竟然連信都不會寄，甚至不知道寄信要貼郵票。

這個特例讓社會大眾感到非常詫異。可是，在考試掛帥的教育體制下，許多人因而成為考試機器，除了考試很行之外，其他生活能力都不行。

仔細查訪周遭的友人，不難發現類似的人物，有的不會基本的煮飯、洗衣，有的不會上銀行、郵局辦事，他們

在生活的品質與和諧度上，常常帶來極爲負面的影響，完全抹煞了讀書學習的真正目的。

學習的最終目的，就是爲了日後能好好的生活，而能否過一個有質、有量的生活，則仰賴平常是否認真的學習。俗話說「百聞不如一見」，我們這個多采、新奇的世界，有著採擷不完的素材和無數的驚嘆與神奇，等待孩子去發現、學習。

給予孩子多重感官的直接刺激，是讓孩子獲得生動、具體學習效果，與得到愉快學習情緒的最好方法，而豐富的生活累積，有進一步和學習建立聯結的功用。生活體驗越豐富的孩子，越能體會書中的內容道理，也越能快速的汲取知識和快樂學習。

因此，透過各種活動，幫助孩子成長，培養出對事物的看法、想法，與品味、鑑賞的能力；擴大生活圈，讓孩子把讀書與實際生活結合，這些事實上也是「邊玩、邊學」精神的無限延伸。

可行的話，每次「生活學習」後，不妨讓孩子寫寫心得，一方面有利於進一步對展覽或活動知識的吸收，加深印象，另一方面可透過寫的過程，提昇孩子的作文能

力。如果孩子不想寫，也不必強迫，不要讓這個問題影響孩子的學習意願。

至於要如何讓讀書與實際生活結合呢？

1. 帶孩子體驗實際生活

為了不想讓孩子成為「生活白癡」，平日就應該多帶孩子了解生活、經驗生活。例如讓孩子把學校所學的數學應用在生活中，帶孩子一同買去東西，尤其是小學低年級孩子，可以從中體會生活實際的一面，學到基本的生活能力；小學中、高年級的孩子，則可以讓他們參與買便當、蔬果、生活用品的過程，讓他們決意購買的項目與交易，過程中可激發孩子對數學的應用，以及對日常生活所需的注意力。

逛街是相當有力的大腦刺激，透過街上琳琅滿目又新奇的物品，除了讓孩子的大腦得到新的洗禮，孩子可以知道生活科技發展到什麼地步，可以應用哪些方便的用品，

如何用這些用品，在觀察、運用的過程中，得到生活經驗
與對創造力的刺激。

2.帶孩子參觀各種展覽、表演與慶典活動

　　從課本中看到的圖畫、說明，有距離感，比較難理解
它的實際面貌。如果帶孩子到展覽現場、劇場，直接觀賞
畫作、雕刻、藝品、音樂會、話劇、兒童劇等，透過十足
的臨場感，可以激發孩子的鑑賞力、創意力等。

　　定點參觀博物館、植物園、森林公園、海洋生物館、
天文台、動物園等，或參加他們所舉辦的活動，都是一個
增廣自然與科學見聞的好方法，可以充實自然課本的所
學。為了使參觀的成效加分，最好協助孩子事先收集相關
的自然、科學資訊，並稍作預習，才能使參觀結果，事半
功倍。

　　參觀與節慶相關的活動，也可以幫助孩子，把社會人
文或歷史課本裡的內容連結，讓課程的趣味具體呈現。父
母可以先讓孩子閱讀相關的資料，或說一些與節日故事。

例如，端午節時，說一段愛國詩人屈原，五月五日跳江自殺的來源故事，說明點雄黃、插艾草的用途，然後讓孩子看看艾草、點一下雄黃。也可以帶領孩子觀賞龍舟競賽、讓他乘坐龍船，坐船時乘機告訴孩子，古人在端午節包了很多粽子，坐船丟到江中給魚蝦們吃，就是想餵飽江裡的魚蝦，魚蝦才不會去吃屈原的身體。

其他的節日都可以如法炮製，有趣加上親身體驗，孩子很快的能把課本知識與所看到的融會貫通，多數就能把端午節的相關事物，記得滾瓜爛熟，久久也不會忘記。有的孩子事後還會找資料，告訴同學，說得天花亂墜，甚至為了補充不足，主動查詢資料，不知不覺中，染上了主動讀書學習的「癮」哩！

3. 帶孩子旅遊與培養多種興趣

讀書期間偶而脫離一下去旅行，心情有了轉換，也有調節壓力、讓身心放鬆的功能。旅途歸來後，再回歸到讀書的行列，讀起書來比較不會有「悶」的感覺。

　　旅遊本身帶給孩子的經歷與收穫非常豐富，國內外風景點或都市文化之旅，都有助於了解、比較個各國、各地不同的風土人情與生活差異，讓孩子處處有驚喜，更具有世界觀。

　　來一趟有規畫的海濱、捷運、古蹟、老廟、花城或原住民印象之旅，透過實地的手摸、眼看與耳聞相關的文化解說，直接接收自然地理的薰陶，往往比課本中內容更有生氣，也更顯得趣味盎然得多。孩子在腦中，容易將真實的意象與相關的文字，加以編織、組合、融會貫通，留下深刻的印象。

　　但有些旅遊需要花好幾天的時間，如果沒辦法安排在長假期內，就要考慮到課程的複習問題。旅遊期間無法上課的那幾門課，一定要找時間幫忙孩子補上，以免無法銜接後面的課程，造成學習上的困擾。

　　一些聰明又懂得把握時間的父母，在出發旅遊的旅途中或飛機上，順道就幫助孩子把課程複習好了，接下來孩子就可以高高興興、沒有負擔的盡情遊玩了。這是相當不錯的做法。

　　這裡有個問題想請問父母：

「曾經考慮把旅遊這件事交給孩子去規畫嗎？想過會出現什麼狀況嗎？」

一位朋友實踐以後的情況是這樣的，他的孩子不但盡職的努力查詢地圖、路線、旅遊點的相關訊息等，而且後來竟喜歡起「地理」課來。另一位朋友的孩子，爲了安排國外旅遊而猛Ｋ英文，無意中就愛上「英文」了，現在日日把英文掛在嘴上說個不停，和「英文」再也分不開了。還聽說有一位報導文學的作家，請他的孩子幫忙作相關剪報，孩子竟然逐漸對真正的「社會」關心起來。

這些意外的收穫，對孩子的影響都十分深遠，孩子常會因此而走上「喜愛讀書學習」這個道上來。

但是，大人在帶領的過程，千萬不要顯現出興趣缺缺的樣子，例如在觀賞時打哈欠、瞌睡、心不在焉的情形，才不會破壞孩子的興致。如果大人也能一起融入情境，和孩子一起學習，對所觀賞或觀察的東西，表現出極大的興趣，孩子受到氣氛感染，也一定會積極學習，進而產生興趣，提昇觀賞價值。

此外，如果父母能夠不吝惜的把自己的嗜好，包括釣魚、種花、欣賞音樂、閱讀、唱歌的樂趣與孩子分享，孩

子便能在潛移默化之中得到許多資訊，了解各種嗜好的趣
味所在，擁有基本而普遍的知識，甚至培養出多種興趣。

4. 珍惜寒暑假的學習機會

　　寒暑假是一個比較長的假期，有些孩子會乘機參加補
習，加強在學校比較弱的科目；有些孩子會參加夏令營；
有些孩子會前往才藝班學游泳、書法、珠算、直排輪等一
技之長；有些孩子會和父母回祖父家、外婆家和長久不見
的親人團聚，或甚至到國外長程旅遊。

　　不論做什麼樣的規畫，父母最好事先和孩子共同討
論。原則上，學習的項目以孩子的興趣為主，並須與孩子
約定，無論決定學任何一項技能，都必須持之以恆，不能
中途停止。

　　趁長假期間，讓孩子勞動一下或分擔一些家事，也是
不錯的規畫，孩子可以從中學得更多，留下美好的回憶。
無論是洗碗、拖地、削水果、折衣、洗衣、整櫃、微波煮
食、整理花園、到菜園澆水、到花園除草、整理相片、種

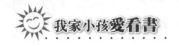

種陽台的花草、打掃、跑腿、換被單，甚至照顧寵物或幼小弟妹等。只要孩子能力所及，都可以交付給他們。

一般來說，孩子越願意為家事付出，就越懂得愛家，越懂得愛家，就越能扛得起責任。越能為家庭勤勞活動的孩子，通常也越能體會勞動的價值所在，不會輕視每天付出勞力工作的父母親〈或其他勞工〉，也知道尊敬為家庭瑣事忙碌不停的親人。

西方國家甚至有許多父母，鼓勵孩子寒暑假打工賺錢，他們認為這樣不但可節省家裡的開支，也可磨練孩子獨立的能力，了解金錢是需要用勞力去換取的，不是憑空掉下來的，從而懂得善用金錢的觀念。

這些林林總總的學習經驗，對孩子而言，都是一次又一次人生歷練的好機會，可以早早的培養出孩子適應社會的能力。

第三章　讓讀書學習成為終身伴侶

讓孩子體會人生的哲理的話：
「懂得忍耐的孩子最堅強。」
「寬容的人，肚裡能撐船。」
「助人最樂！」
「自殺害人害己。」
「那不是你的錯。」
「裝滿愛心才能得到愛。」

　　我在開宗明義的第一章，就強調過讀書有種種的好
處，可惜很多人並沒有發現，包括處在學習階段、身歷其
境的許多孩子在內。其中有很大部分的原因，是因為讀書
學習伴隨而來的考試，讓他們感到壓力、身體不適，考試
成績不良又為他們帶來更多的責備與挫折，心裡便慢慢的
排斥讀書。

　　一些感情用事的孩子，很可能因此討厭讀書、放棄讀
書；一些理智一點的孩子，則是為了得到成績、文憑，勉

強的應付讀書，但一旦有一天，成績、文憑都得到了，他們也立即和讀書分道揚鑣說「拜拜」。社會上有很多新鮮人，好不容易完成大學學業後，就再也不讀書了，就是最好的例子。

有位急於脫離又不敢貿然不讀書的大學畢業生，曾經煩躁的問父母說：

「大學畢業後，我總可以不必再讀書了吧？」

關於這點，專家給予的答案卻是否定的。

為什麼？

1. 終身學習的必要性

根據一項研究指出，一個社會新鮮人如果畢業後就不再讀書與進修，5年後就會掉回到高中的程度。

這項調查的確令人吃驚，但它並不是虛張聲勢的說法。而且最重要的是，進入社會後，需要學習的迫切性更高、更多。這給人們一個很大的啟示，那就是：

學習應該是終身都要進行，不能有一刻荒廢。

這樣的話聽起來，讓很多人倍感壓力。不過，這些人多半是不愛讀書學習的人，如果對讀書學習有濃厚興趣的人，就不會有這樣的感覺。

因此，父母應該從小就幫助孩子建立一個觀念，那就是讀書學習不是為了應付考試、得好成績，而是為了使自己能夠獨立、生活豐富。而讓自己獨立、生活豐富的泉源，在於養成終身學習的興趣。很多人一聽，不免要問：

「為什麼終身學習是如此的必要呢？」

因為學校教授的，只是一些基本知識與技能，只是打好基礎，並不是大學畢業，就可以「垂手而坐」、「行遍天下」了。到了社會與職場上，所要運用的，是更高深、更專業的知識與技術，見識到的是「一山還有一山高」的一面。如果不繼續學習，不是遭否定，就是被淘汰，未來的路仍是搖搖欲墜的。

有前瞻、有警覺性的人，知道終身學習的必要；喜愛讀書學習的人，不會被終身學習所苦，樂於接受「學無止境」的說法。而一個有終身學習興趣的人，知道如何利用自覺力、觀察力和勇氣來管理自己，是最自動自發、積極進取又充滿信心的學習人。

　　然而會動搖個人終身學習的最大因素，是個人的特質
〈包括年齡、性別、智力、性向、成就、學習形式、社會
階級、民族背景等〉所形成的自我觀念、自我成見。當
孩子逐漸長大，自主力增加，個人的特質形成，自我觀念
也已經定形，有自己的成見在，要讓他認同終身學習，有
時候非常困難。

　　然而這些觀念或成見的影響力，都不及自己的學習態
度來的大。換句話說，一個有心學習、主動想有所改變的
人，就會知道學習後會有壓力和改變〈如表現、能力、
態度等〉，並且有接受它的心理準備；如果無心學習、
不想改變，就會運用躲避、欺騙、隱瞞等伎倆，表面上裝
出學習的樣子，或勉強讓大家誤以為他是在學習。

　　可是，有必浪費那麼多時間去圓一謊嗎？那麼做的結
果，最後誤的只是自己的前程與青春而已，除此之外，並
無所得。

　　但是，並不是每個人自我學習的意志都很堅強，方法
也都用對。有一部分人在校的讀書學習狀況本來就不好，
現在進入社會、職場，要如何突破這層藩籬，改善不好的
學習狀況呢？

　　方法就是「從現在起，改變態度，試著真心的去學習」。

　　因為唯有真心的投入學習，才能體會其中的「真味」，也唯有突破自己的態度，才能抵抗自己的抗拒。事情做了就不再覺得難，做了之後，也許會發現，自己居然低估了自己的潛力，也許還會發現，自己原先的見解與觀念，竟然如此的不正確。

　　所以，不妨問問孩子，請他問問自己：

　　是真心想讀書學習了嗎？

　　如果不想，什麼時候才要學？

　　幼年到青年這階段的記憶力是最好的，錯過這個階段，有更好的學習時候嗎？

　　那時候或許有孩子、有工作、有家庭負擔，是好的學習階段嗎？

　　再問問孩子：

　　將來想做什麼？

　　如果不讀書學習又能做什麼？

　　不讀書學習的後果是什麼？

　　趁早讓孩子思考這些問題，下決心讀書學習。如果真

心想讀書學習，那麼自己的態度就應該改變爲勇於承擔讀書學習的責任、積極參與面對和讀書學習有關的事、不拖延、不找藉口。

2. 如何培養終身學習的興趣

有些父母看到孩子開始喜歡讀書了，非常高興，但又不免暗暗擔憂，深怕孩子不久又變了卦，讓他們空歡喜一場，因此到處問友人：

「要如何做，才能讓孩子讀書學習的興趣，持續不變呢？」

爲了讓孩子一生對讀書學習都不改變，最重要的就是要讓孩子培養出終身學習的興趣，而且要立刻起步，父母平日不妨可以從下列的幾個方向著手，可以培養出孩子的終身學習興趣來。

(1) 採取鼓勵與欣賞的態度

方法之一，就是不斷的表達鼓勵、讚賞、給予支持的態度。

孩子其實非常在意父母的看法，如果他見到父母這樣的態度，又發覺讀書學習的樂趣，一定更樂於讀書學習。如果小時候就喜愛讀書學習，長大之後的終身學習也不成問題。

（2）學習不要半途而廢

再怎麼樣學習，如果中途喊停，半途而廢，那就白費了前面努力學習的一段。所以，無論如何，學習任何項目，一定要貫徹到底，不能半途而廢。

因此，方法之二，就是要鼓勵孩子把「讀書學習」堅持永續。

有人建議把「讀書學習」當作自己的「終身伴侶」看待，也就是最好做到對「它」一刻也不離、一時也不棄，而且還誇口說，這位「終身伴侶」所帶來的回饋，將遠超出任何人生伴侶所能給予的。

（3）養成喜歡閱讀的習慣

閱讀則是獲取各方資訊的基本方法，閱讀能力是吸收知識泉源不可或缺的能力。所以，方法之三，就是養成「喜歡閱書」的習慣。如果孩子喜歡閱讀，知識就不虞

匱乏，當然也比較不會排斥讀書學習，輕易的養成終身學習的興趣。

許多專業的著作，都是作者一生專研的結晶，或一輩子經驗的集成，多閱讀這些書籍，可以獲得前人的果實，減少自己摸索的時間與實驗的錯誤，使自己早點進入狀況，快速的提昇自己的能力。

例如，年齡較小的孩子，可以讓他們由名人漫畫傳記出發，然後是文字敘述的傳記，接著是與名人相關的作品或研究……。類似這樣循序漸進，孩子便可以逐步邁向閱讀天堂，並從中得到意想不到果實與樂趣。

（4）買書、訂閱雜誌當作獎品、獎勵

方法之四，買書送給孩子，是很好的獎勵辦法。買書的主要目的是要吸引孩子閱讀，自然要選擇孩子有興趣的項目。適合孩子的程度也很重要，不要買得太深、太嚴肅，致使孩子看了半天看不懂；或分量太重，使孩子感到有壓力，這樣就不易提起他們的閱讀興趣了。

如果孩子某些表現很優異，為了嘉獎他，可以在經濟許可的範圍內，為孩子訂閱適齡的雜誌或報刊，這些雜誌或報刊的內容，會有一些專論性的文章，或深度、廣度都

大的觸角，可以帶領孩子對生活周遭的人、事、物進行觀
察、感興趣，有利於日後訂定終身學習的目標。

（5）尋找書香與閱讀大自然

　　方法之五，經常帶孩子到書店、圖書館、博物館、書
畫廊等文化氣息濃厚的地方，去尋找書香，讓孩子明白所
學的只是「滄海一粟」，還有更多更浩瀚的學習天地，
避免孩子自滿得意，以為自己已經學得夠多了，而不願
「精益求精、更上一層樓」。

　　時常接觸天文台、自然生態區或實地旅遊等，是閱讀
大自然的最佳方式，透過直接的觀察學習，可以得到不同
於書籍來源的學習樂趣，可為多元的終身學習，奠下深厚
的基礎。

（6）藉由學習品味人生

　　唯有真正的進入學習，才能真正的品味人生各個層面
的不同滋味，唯有真正能品味人生的人，才懂得人生，有
豐富的心靈。一旦心靈豐富，精神就不貧乏，懂得知足常
樂，人生觀就會顯得積極、正面，精神方面便會感到快
樂，自然樂於接受終身不斷學習的挑戰。

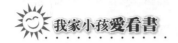

（7）參加讀書會

現在很多團體都在推廣讀書學習，所以有很多讀書會成立，有較簡單的班級讀書會、規模稍大的社區讀書會、網路讀書會、圖書館讀書會、廣播讀書會到特定專題或人士集結的讀書會等。有人參加讀書會之後，覺得「生活仿佛如魚得水，生命不知不覺也跟著舞動起來」。

這些真情告白，都不虛假。父母不妨利用周末假日，選擇合適的讀書會，鼓勵孩子參加〈親子一起加入也行〉，讓孩子從中吸收來自不同角度的看法、判斷與做法，使孩子學習觸角更廣泛，判斷分析更客觀，最重要的是，可以由別人的經驗傳承與扶持中，跨過自己種種學習的難關。

3. 終身學習的管道

上一節提到，終身學習是十分多元的，為滿足來自各方、各層面的需求，必須多元才有辦法應付。然而在如此多元的學習世界，要從哪裡學習，才能有效的學習，並由

其中獲益呢？

　　學習的管道很多，除了書籍等平面資料與一些多媒體外，還可以引導孩子由新技能中學習、由別人的演講裡學習、由自己的判斷與決策中學習、由解決問題的經驗中學習、由群體中學習、由各種虛擬實境的環境中學習、由整體經驗中學習等等。

　　透過這些學習，可以讓觀念看法時時翻新，即使年紀稍長，也不會成爲過氣的人或LKK〈老叩叩〉人物，而且擁有運用自如的百般技術與豐富知識，想讓成長後的孩子優遊快樂一生，不會有太大的問題。

　　在校的幼齡孩子，父母更要引導他們，把學習眼光與目標放遠，當然可以小部分的運用這一套學習管道，好好學習，所得到的學習效果，也一定會超出原先所預料的。

編　　著	張玲霞
發 行 人	林敬彬
主　　編	楊安瑜
編　　輯	于　其
內頁設計	蔡珊珊
封面設計	翔美堂　設計
出　　版	大都會文化事業有限公司　行政院新聞局北市業字第89號
發　　行	大都會文化事業有限公司
	110 臺北市信義區基隆路一段 432 號 4 樓之 9
	讀者服務專線：（02）27235216
	讀者服務傳真：（02）27235220
	電子郵件信箱：metro@ms21.hinet.net
	公司網站：www.metrobook.com.tw
郵政劃撥	14050529　大都會文化事業有限公司
出版日期	2005 年 4 月初版一刷
定　　價	220 元
I S B N	986-7651-36-7
書　　號	CS-007

First published in Taiwan in 2005 by
Metropolitan Culture Enterprise Co., Ltd.
4F-9, Double Hero Bldg., 432, Keelung Rd., Sec. 1,
TAIPEI 110, TAIWAN
Tel: +886-2-2723-5216　Fax: +886-2-2723-5220
E-mail: metro@ms21.hinet.net
Website: www.metrobook.com.tw

Copyright © 2005 by Metropolitan Culture

All rights reserved.
◎本書如有缺頁、破損、裝訂錯誤，請寄回本公司更換。
◎版權所有‧翻印必究

國家圖書館出版品預行編目資料

我家小孩愛看書：Happy 學習 easy go!! / 張玲霞編著.
-- 初版. -- 臺北市：大都會文化, 2005 [民 94]
面；公分

ISBN：986-7651-36-7 (平裝)

1. 兒童閱讀　　　　2. 親職教育

523.1　　　　　　　　　94003476